德壽宮

저자 따라 입궐하기 ①

덕수궁의
　　　인문학산책

황인혁

도서출판 시간의 물레

저자 따라 입궐하기 ①
덕수궁의 인문학 산책

황인혁 지음

도서출판 시간의물레

서론 : 입궐준비

'경운궁'은 짧은 역사와 아픈 기억 그리고 심각한 훼손 등으로 지금까지 주목의 대상이 되지 못하였다. 그래서 경운궁에 대한 연구나 관심이 다른 궁궐에 비해 상대적으로 빈약한 편이다. 그럼에도 불구하고 소중한 결과물들이 꾸준히 발표되고 있다. 다행스럽고 고마운 일이다.

우리 역사에서 경운궁은 비운의 궁궐로 불린다. 정동에 처음으로 등장하는 인물은 태조의 계비 신덕왕후다. 신덕왕후는 세자책봉 문제로 이방원과의 갈등을 극복하지 못하고 결국 정릉이 파헤쳐지는 수모를 당했다. 이후 정동은 인왕산 줄기가 도심 속으로 이어지는 풍수명당으로 알려지면서 왕실과 귀족의 생활터전이 형성되었다. 하지만 이들은 임진왜란과 을미사변 등 국난의 시기에 궁궐이 들어서면서 모두 이곳을 떠나야만 했다. 이와 같은 맥락 속에 임기응변의 성격으로 들어선 시설이 경운궁이다.

경운궁에 대한 접근이 쉽지 않은 이유는 일제의 무분별한 파괴와 왜곡된 복원이 가장 큰 이유이다. 현재 남아 있는 건물을 대상으로 궁궐의 역사와 건축적 특성을 파악하는 것은 문제가 있다. 이러한 오류에 빠지지 않기 위해서는 왜곡되기 이전의 자료를 발굴하고 정리하는 과정이 필요하다. 따라서 경운궁의 위상이 바로 설 때 경운궁과 함께 했던 대한제국 더 나아가 근대화의 실체도 더욱 선명하게 드러날 수 있을 것이다.

경운궁 현판.
출처 : 국립고궁박물관

    선조는 이곳, 경운궁에서 세자책봉 문제로 왕자와 신하들 사이의 마찰을 불러와 광해군의 폐모살제(廢母殺弟)라는 무리수를 두어 결국 인조반정의 빌미가 되었다. 얄궂은 경운궁의 운명은 고종 대에서 절정을 이룬다. 인조반정 이후 역사 속에서 사라졌던 정동은 구한말 미국공사관을 시작으로 서구 열강의 공사관과 선교사들이 들어와 정착하면서 다시 세간(世間)의 주목을 받게 된다.

    을미사변 이후 고종의 아관파천을 계기로 조선 정치의 중심공간으로 급변하였다. 고종은 즉시 '경운궁'을 중건하고 대한제국을 선포하여 제국의 중흥을 도모하였지만 기울어져가는 조국의 운명을 돌이킬 수는 없었다. 경운궁은 한일합방 이후 일제 36년을 거치면서 궁궐의 위상을 잃고 낭만이 깃든 역사공원으로서 현대인의 사랑을 받고 있다. 태생부터 정체성을 잃어버린 '경운궁', 이것이 경운궁에 내재된 진정한 비애(悲哀)는 아닐까?

경운궁은 경복궁·창덕궁·창경궁·경희궁과 함께 조선왕조를 대표하는 5대 궁궐 중 하나이다. 경운궁이 정상적으로 사용된 기간은 40여 년에 불과하다. 하지만 그 속에 내재된 역사적 위상은 다른 궁궐 못지않다. 임진왜란 중 선조가 창건한 경운궁은 광해군을 거치면서 조선중기 정치사의 중심에 있었으나 반정으로 즉위한 인조 때 해체되었다.

   한동안 잊혔던 경운궁은 조선말기 아관파천을 계기로 고종이 다시 중창하였다. 이렇게 경운궁은 근대화의 격변기 속에서 명실상부한 '황궁'으로 거듭났지만 고작 10년 만에 문을 닫고 말았다. 한일합방 이후 일제는 경운궁을 공원으로 개조하여 일반에 공개하면서, 왕조의 해체와 역사왜곡이라는 '성과'도 거두었다. 해방 이후 경운궁의 원형을 찾기 위한 많은 노력이 있었지만, 아직도 경운궁엔 공원의 이미지가 많이 남아있다. 파편적으로 남아있는 전각들이 오히려 공원을 구성하고 있는 오브제로 느껴질 정도이다.

   '덕수궁'이란 궁호(宮號) 역시 이러한 이질성에 한몫 하고 있다. 이곳은 광해군이 '경운궁(慶運宮)'으로 명명한 이후 조선 말기까지 줄곧 경운궁이었기 때문이다. 궁호(宮號)에는 국가의 통치이념과 시대정신이 함축적으로 담겨 있게 마련인데, 덕수궁(德壽宮)에는 퇴위한 고종에게 '덕을 쌓고 오래도록 천수를 누리시라'는 덕담 수준의 내용이 담겨 있을 뿐이다. 덕수궁은 궁궐명이라기보다 고종에 대한 특정 염원을 담아 붙여준 저택명(邸宅名)에 가깝다. 이유야 어떻든 현재는 덕수궁이란 궁호가 보다 자연스럽게 통용되고 있다. 그만큼 경운궁에 내재된 역사성과 시대정신도 단절되었다고 보아야 할 것이다.

본문의 내용은 다음의 네 단계로 구성되었다.

1장에서는 경운궁의 현 위치를 알기 쉽게 시각화하였다. 2장에서는 경운궁이 위치한 정동의 성격을 왕릉공간·생활공간·궁궐공간으로 구분하였다. 3장에서는 경운궁의 역사를 시대적 상황 속에서 살펴보았으며, 4장은 경운궁의 전각들에 대한 세부설명이다. 특히 건물의 이해를 돕기 위해 역사와 사건을 중심으로 재구성하였다.

본문의 내용은 다음의 특성을 갖는다.
① 정동에 거주했던 인물들을 통해 경운궁의 장소성을 드러냈다.
② 상징적 사건들을 발굴하고 재구성하여 생생한 역사성을 밝혔다.
③ 문중을 효과적으로 살피기 위해 가계도(家系圖)를 만들었다.
④ 자료에 대한 이해를 돕기 위해 시각자료를 첨부하였다.
⑤ 다양한 자료를 제시하여 이해의 폭을 넓힐 수 있게 하였다.

경운궁은 비록 국난의 시기에 임시적 성격으로 태어난 비운의 궁궐이었지만, 그 속에 담긴 역사적·시대적 흔적들은 우리에게 많은 교훈을 남겨주고 있다. 이러한 교훈을 바탕으로 진정한 미래가치에 대해 고민하고 성찰하는 기회가 될 수 있기를 기대해 본다.

2018년 7월 31일

황 인 혁

目次

1. 경운궁의 위치   9

2. 정동의 성격   17
   - (1) 왕릉공간   18
   - (2) 생활공간   20
   - (3) 궁궐공간   27

3. 역사 둘러보기   31
   - (1) 광해군 시절   33
   - (2) 고종 시절   37

4. 건물 둘러보기   49
   - (1) 대한문   50
   - (2) 즉조당   65
   - (3) 준명당   78
   - (4) 석어당   91
   - (5) 중화전   96
   - (6) 함녕전   110
   - (7) 덕홍전   119
   - (8) 정관헌   121
   - (9) 석조전   131
   - (10) 미술관   145
   - (11) 문(門)   149
   - (12) 중명전   159
   - (13) 황궁우   164
   - (14) 연못   174

■ 찾아보기 / 177

① 경운궁의 위치

조선의 수도 한양은 북악산·인왕산·남산·낙산이 사방에서 에워싸고 있는 분지에 자리하고 있다. 이 4개의 산 능선을 따라 석축을 쌓아 놓은 것이 한양도성이다. 그리고 북악산 남쪽 끝자락에 국가와 왕실을 대표하는 경복궁을 조성하였다. 뒤이어 창덕궁·창경궁·경운궁·경희궁을 순차적으로 조성하여 조선왕조는 모두 5개의 궁궐을 운영하였다. 우리나라 궁궐의 위치와 배치는 풍수 논리에 따라 산줄기의 흐름과 평지의 상황을 고려한 것이 공통적인 특징이다.

경운궁의 위치는 두 가지 측면에서 다른 궁궐과 태생적으로 상당한 차이를 보인다. 첫째, 경운궁은 큼지막한 주산이 아닌, 높이를 인식하지 못할 정도로 나지막한 동산을 배경으로 한다는 점이다. 그리고 둘째는, 경운궁의 입지가 도심 안쪽으로 비교적 깊숙이 들어와 있다는 것인데, 이는 궁궐 전면에 도심이 펼쳐지는 다른 궁궐들과 확연히 구분되는 경운궁만의 비극이라 할 수 있다.

경운궁은 세종로를 사이에 두고 시청 건너편에 위치한다. 경운궁 경내의 전각들도 대부분 평지 위에 조성되어 산줄기의 흐름은 거의 느낄 수 없다. 하지만 함녕전·즉조당·석조전 등 궁궐 후원 쪽을 바라보면 경운궁이 나지막한 산자락 내부에 안기듯이 입지해 있음을 인식할 수 있다. 풍수에서 길지의 증거로 내세우는 배산임수의 조건을 갖추고 있는 것이다.

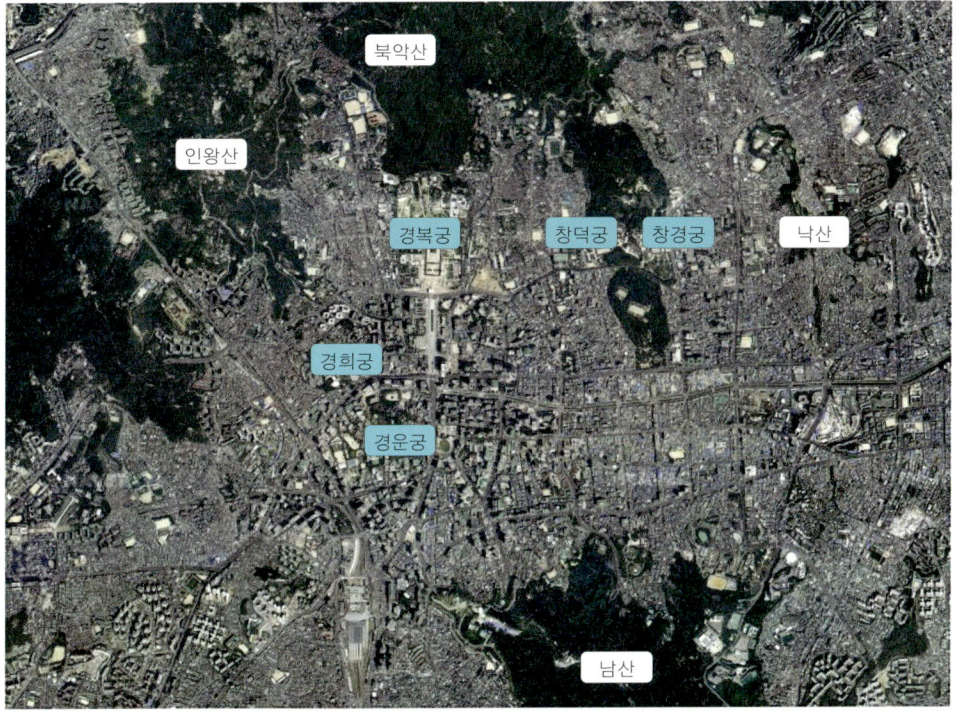
조선의 5대 궁궐, 출처 : 네이버지도

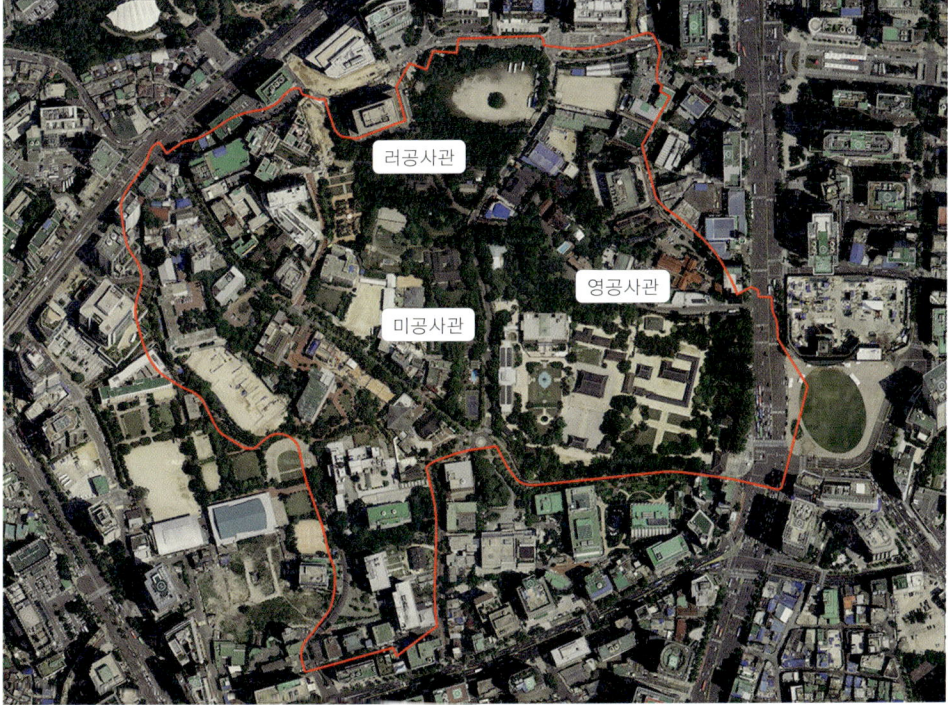
현재 정동(貞洞)의 경계, 출처 : 네이버지도

경운궁은 서울특별시 중구 정동에 소재한다. 현재 경운궁의 면적은 $61,500m^2$(약 18,000 평)로 정동의 1/4 수준이지만, 1907년(고종 44)을 전후해서는 정동의 1/3 정도의 면적을 차지하고 있었다. 정동 지형의 정점에는 러시아공사관이 있었다. 그래서 러시아공사관에서 바라보면 4방이 멀리까지 내려다보인다. 러시아공사관은 러일전쟁 때 폐쇄된 이후, 한국전쟁 때 파괴되어 본관의 첨탑부분만 남아있다. 현재 러시아대사관은 배재학당 옆으로 이전한 상태이다.

러시아공사관

정동공원

「덕수궁평면도」는 1938년 이왕가미술관 개관에 맞추어 이왕직[1]에서 발간한 도면이다. 이 도면은 전성기 경운궁의 영역이며, 진한색은 현재의 경운궁 영역이다. 그리고 노란색은 전성기 경운궁의 건물들이고, 빨간색은 덕수궁에 현존하는 건물들이다.

---

1) 이왕직(李王職) – 일제 강점기 이왕가(李王家)와 관련된 사무 일체를 담당하던 기구로서, 조선총독부가 아닌 일본 궁내성(宮內省) 소속이었다. 이왕직이 설치되면서 대한제국에서 황실 사무를 담당하였던 궁내부(宮內府)의 업무는 모두 이왕직으로 이관되었다. 즉 일제는 자신들의 왕실봉작제를 통해 대한제국 황실을 일본 천황가의 하부단위로 편입하여 이들을 예우하는 한편 회유하고 통제하기 위해 이왕직을 설치하였다.

1. 경운궁의 위치 13

덕수궁평면도

◆◆ 경운궁과 덕수궁

경운궁이 임금이 거처하며 정사를 보는 궁궐로 사용된 기간은 두 시기로 구분된다.

첫 번째 시기는 선조가 임진왜란 때 정동에 들어온 1593년 10월 1일부터 인조가 반정에 성공하고 즉조당에서 즉위식을 거행한 1623년 3월 13일까지 30년간이고, 두 번째 시기는 고종이 아관파천을 계기로 환궁한 1897년 2월 20일부터 헤이그 특사사건을 계기로 강제로 퇴위 당한 1907년 7월 19일까지 10년간이다. 더하면 딱 40년이다. 경운궁(慶運宮)이란 궁호는 1611년 10월 11일 광해군에 의해 명명된 이후, 1907년 8월 2일 순종 즉위년에 덕수궁으로 개명될 때까지 약 300년간 사용되었다.

1907년 8월 2일. 순종은 궁내부 대신 이윤용의 건의를 받아들여 경운궁을 덕수궁(德壽宮)으로 개명하였다. 덕수궁이란 궁호는 이때 처음 사용되었다. 덕수(德壽)란 '덕을 쌓고 오래도록 천수를 누린다'는 의미이다. 표면적으로는 고종의 덕과 건강을 위한 내용으로 포장되어 있지만, 내면적으로는 국가를 상징하는 궁궐명(宮闕名)에서 고종 개인의 안위를 염원하는 저택명(邸宅名)으로 격하시킨 교묘한 술책이 엿보인다. 따라서 덕수궁은 엄밀한 의미에서 임금이 신하들과 정사를 논하는 궁궐은 아닌 것이다.

이와 같이 궁궐의 이름을 시기별로 살펴본 이유는 가끔씩 "덕수궁의 본래 이름인 경운궁을 회복해야 한다."는 의견이 대두되고 있기 때문이다. 2011년 문화재청에서는 이에 대한 문제의식을 가지고 수용여부를 심의하였으나, 덕수궁의 명칭을 바꾸어야 할 이유가 충분하지 않다는 점을 들어 변경자체를 보류했다고 한다.

필자 역시 이 결정에 동의한다. 이유야 어찌되었든 덕수궁이란 궁호가 대한제국 시기에 우리의 의지로 변경되었기 때문이다. 그래서 책 제목도 '덕수궁의 인문학산책'이라고 명명하였다. 하지만 본문의 내용에서는 덕수궁으로 개명되기 이전의 역사를 서술할 때는 경운궁을 사용하고, 개명된 이후의 내용에는 덕수궁을 사용하였다.

차제에 경운궁에 대한 역사의식이 성숙되고, 사회적 공감대가 형성되었을 때, 보다 자연스럽게 경운궁 본래의 이름으로 되돌아갈 수 있기를 기대해 본다.

2 정동의 성격

조선은 수도를 개성에서 한양으로 천도한 후, 한양부(漢陽府)를 한성부(漢城府)로 바꾸고 한성부를 5부 52방으로 세분하였다. 현재 경운궁이 위치한 정동(貞洞)이란 행정명은 태조의 계비 신덕왕후 정릉(貞陵)으로부터 시작된다. 하지만 정릉은 신덕왕후와 갈등관계에 있었던 태종에 의해 안장된 지 12년 만에 도성 밖으로 쫓겨나고 말았다. 이후 정릉지역은 한양의 중심지이자 풍수적으로 길지라는 인식이 보편화되어 많은 왕족과 귀족들이 이곳을 생활의 터전으로 삼았다.

그러나 임진왜란 때 선조가 피난에서 돌아와 정동을 임시거처로 삼은 이후로는 왕이 거주하는 궁궐공간으로 변모하였다. 이와 같이 정동은 왕릉으로 시작하여 왕족들의 생활터전이 되었다가 임금과 신하가 정사를 나누는 궁궐로 성격이 변해 간 것이다.

정동이 위치한 취현방은 세종 때는 황화방에 흡수되었고, 영조 때는 소정동계라고도 불리었다, 그리고 고종 때 소정동과 대정동으로 분리되었다가, 일제 강점기에 다시 정동(貞洞)으로 통합되었다. 그래서 옛 문헌이나 고지도에는 취현방·황화방·소정동계·소정동·대정동 이 단독으로 또는 혼재하여 나타나기도 한다.

2. 정동의 성격

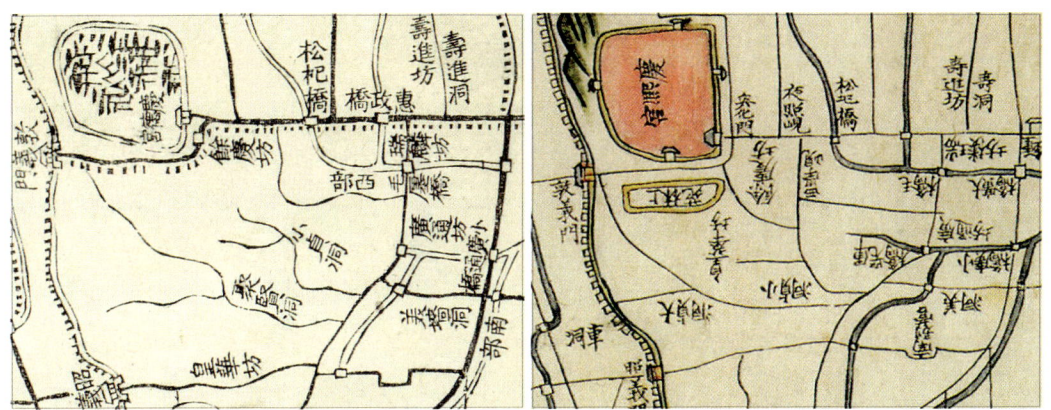

삼군문분계지도, 1751년경   도성도, 김정호, 1861년경

◆ 정동의 명칭 변천

세종	취현방 → 황화방(皇華坊)에 흡수
영조	서부 황화방 소정동계(小貞洞契)
고종	갑오경장(1894) 때 행정구역이 재편성되면서 서부 황화방이 소정동(小貞洞), 대정동(大貞洞)으로 분리
일제	1914년 - 일제 강점기 소정동(小貞洞)과 대정동(大貞洞)을 통합하여 정동(貞洞)으로 명명

(1) 왕릉 공간

태조 이성계는 계비 신덕왕후가 승하하자 현재의 정동 산자락에 후하게 장사 지내고 정릉(貞陵)이라고 명명하였으며, 인근에 흥천사(興天寺)를 지어 왕비를 추모하고 명복을 빌었다. 태조는 흥천사에서 들려오는 종소리를 듣고서야 수라를 들었다고 하니 부인에 대한 애틋한 정이 지극했음을 알 수 있다.

흥천사. 출처 : 문화재청

흥천사종. 보물 제1460호

이후 정릉지역은 정동(貞洞)으로 불리게 되었다. 그런데 이듬해 2남 영안군과 5남 정안군 등이 세자책봉과 국정운영에 불만을 품고 왕자의 난을 일으켜, 나란히 2대 정종(1398년)과 3대 태종(1400년)에 즉위하였다. 태종은 즉위하자 곧 신덕왕후에 대한 불만을 노골적으로 표출하였다. 먼저 부친 태조가 생존해 있음에도 불구하고 정릉 근처의 부지를 매각하여 일반 백성이 살 수 있도록 권장하였다. 이때 자신의 측근이자 공신이었던 하륜 일가가 이곳을 차지하였다.

태조가 승하한 이듬해에는 4대문 안에 무덤을 둘 수 없다는 명분으로 정릉을 현재의 성북구 정릉동으로 이장해 버렸다. 그리고 정릉의 유적 중에서 정자각은 태평관의 부재로 사용하고, 석물은 청계천 다리의 부재로 활용하였다. 태평관(太平館)은 명나라 사신을 접대하는 영빈관이자 숙소였으며, 광통교(廣通橋)는 종로일대에서 가장 크고 번화한 다리였다. 이와 같이 태종은 상징적이고 인파가 많은 곳에 정릉의 잔해들을 분산 처리하여 자신의 반감을 유감없이 나타내었다.

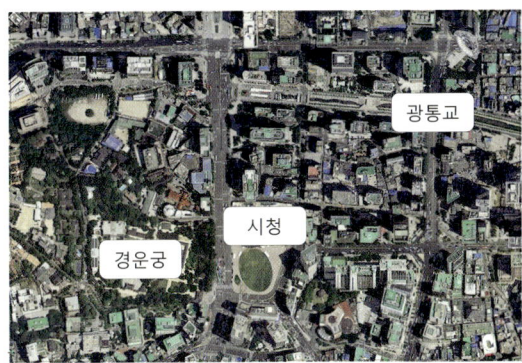
정릉과 광통교

광통교에 있는 정릉의 병풍석

 풍수에서는 인간에게 좋은 영향을 미치는 생기(生氣)란 산의 능선을 따라 흐르다 평지 근처에서 물을 만나 명당을 만든다고 한다. 그런데 러시아공사관에서 동쪽으로 이어진 산줄기에 영국공사관이 자리하고, 남쪽으로 이어진 산줄기에 미국공사관이 있다. 두 공사관의 입지가 풍수적으로 길지의 조건을 갖추고 있는 것이다. 그래서 신덕왕후의 정릉(貞陵)이 있었던 곳을 혹자는 영국공사관 자리라 하고, 혹자는 미국공사관 자리라 한다. 하지만 확실한 고증에 기반한 것은 아니어서 모두 추측에 불과할 뿐이다.

신덕왕후 정릉

정릉 장명등

(2) 생활공간

　의주로 피난을 떠났던 선조는 1년 만에 한양으로 돌아와 정동일대를 행궁으로 정하였다. 이곳에는 성종의 형 월산대군, 영의정 심연원, 영의정 한상경 등 문벌귀족의 집들이 산재해 있었다. 신덕왕후의 정릉이 철거된 이후 왕실 친인척들의 집성촌으로 변모해 있었던 것이다. 그런데 이곳에 행궁이 들어서면서 주위의 많은 전각들이 고스란히 궁궐로 편입되었다. 이때 심의겸의 집은 동궁으로, 심연원의 집은 종묘로 활용되었으며, 주위의 크고 작은 집들은 신하들이 근무공간이 되었다.
　정동의 주산은 인왕산 줄기가 완만하게 내려오다 솟아오른 구 러시아대사관 부지이다. 그리고 우측으로 나지막하게 이어진 능선이 경운궁 전면에서 안산을 이루며, 그 사이 계곡에서 형성된 냇물 역시 경운궁을 에워싸듯 감싸고 흐른다. 이러한 지세를 풍수에서는 사신사(四神砂)를 갖춘 배산임수 지형이라고 하여 매우 귀하게 여긴다. 그래서 태조와 하륜도 이곳을 풍수적 길지로 인식하였으며, 계속해서 왕실의 친인척이나 고관대작들이 모여들었던 것이다.

월산대군 사당

월산대군묘

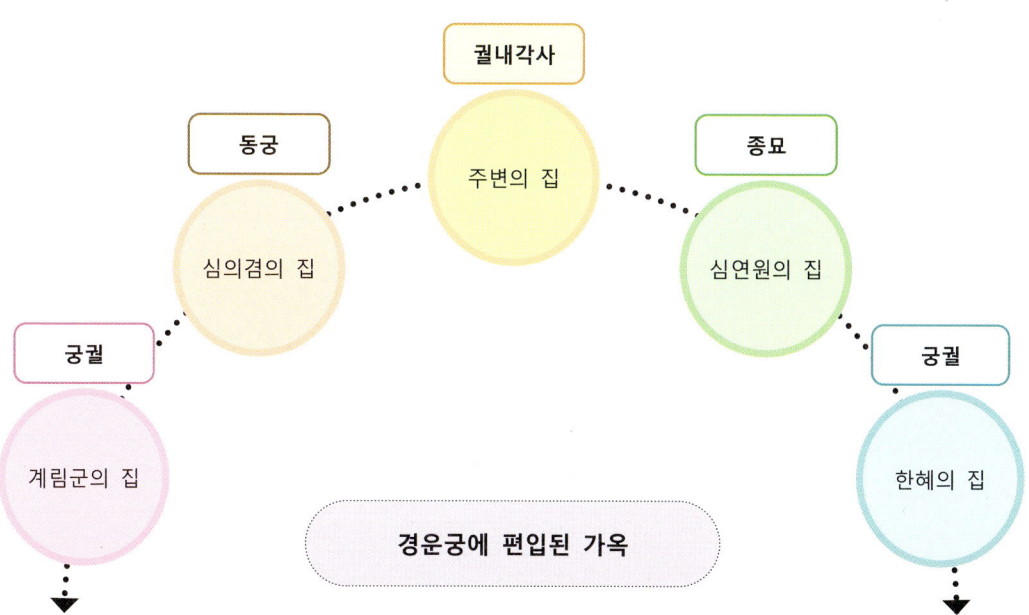
경운궁에 편입된 가옥

① 월산대군 가계

정동에 가장 먼저 자리를 잡은 집안은 월산대군 가족이다. 월산대군은 부친 의경세자가 20세에 요절하자 어머니·동생과 함께 궁궐에서 나와 정동에 사당을 짓고 정착하였다. 그런데 숙부 예종이 재위 13개월 만에 갑자기 승하하자, 집안에 변화가 발생하였다. 3살 연하의 자을산군이 즉위하면서 어머니와 함께 궁궐로 들어가게 된 것이다. 그리하여 정동의 저택에는 월산대군만이 남게 되었으며, 선조 대에 이르러서는 후손이 4세손까지 늘어나 있었다.

계림군묘

덕풍군묘

정동에 살고 있던 계림군과 양천도정은 모두 선조와 가까운 친척지간이다. 계림군은 월산대군의 손자로서 성종의 왕자 계성군에게 입양되었으며, 양천도정은 월산대군의 종손 파림군의 장자이다. 그래서 선조는 왕비 의인왕후가 승하했을 때, 계림군의 집을 왕비의 빈전으로 활용하기도 하였다.[2] 계림군과 양천도정은 임진왜란 이전에 사망한 상태였지만, 당시 사람들은 여전히 계림군과 양천대군의 집으로 부르고 있었다.

---

2) 『선조실록』 1600년(선조 33) 6월 27일. 殯殿 則桂林君家大廳爲之.

2. 정동의 성격 23

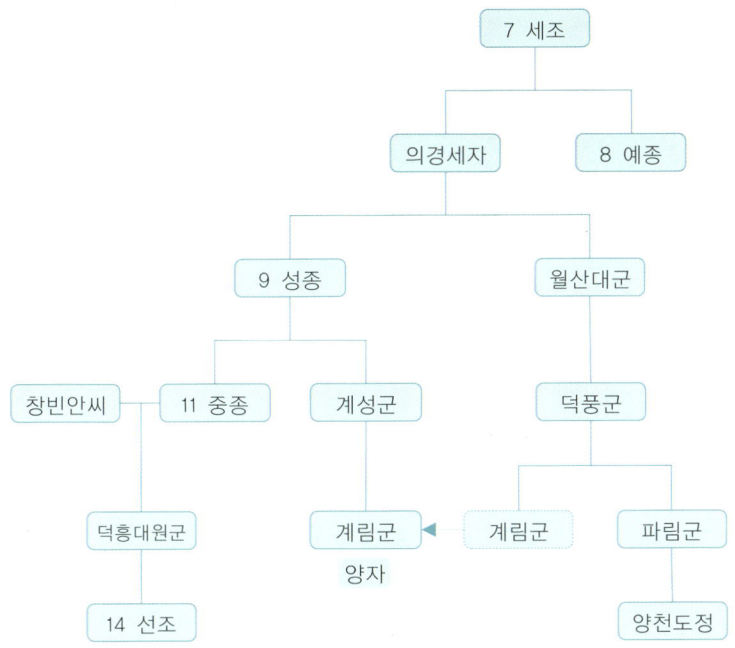

특히 가사문학의 대가이자 서인의 영수인 정철은 왕실과 깊은 인연이 있다. 첫째 누이가 인종의 후궁이고, 둘째 누이가 계림군의 부인이었던 것이다. 인왕산 아래에 살았던 정철은 두 살 연상의 명종과 소꿉친구가 되어 경복궁에 자주 놀러갔다. 따라서 둘째 누이가 있는 정동에도 자주 놀러왔을 것으로 생각된다.

소쇄원 광풍각

식영정(息影亭)

그런데 정철이 10세 되던 해, 첫째 누이의 남편인 인종이 승하하면서 정철의 집안에도 위기가 닥쳤다. 인종의 외삼촌 윤임이 계림군을 추대하려한다는 모함에 연루되면서, 정철의 집안도 담양으로 귀양을 가게된 것이다. 정철의 유배지 담양은 경치 좋고, 예술과 문학과 풍류가 발달한 곳이었다. 정철은 소쇄원·식영정·환벽당·취가정 등 명승지에서 명사들과 교류하며 문학적 재능을 연마하였다. 그 유명한『속미인곡』과『사미인곡』도 이곳에서 탄생하였다.

② 심연원 가계

선조는 중종의 손자이지만 왕의 직계가 아닌 방계 출신 왕자이다. 그래서 아들이 없는 명종에게 입양된 후에, 왕위를 계승하였다. 따라서 영의정 심연원은 선조의 외증조할아버지가 되고, 서인의 영수 심의겸은 외삼촌이 된다. 심연원의 가문 역시 세종·명종·경종의 왕비를 배출한 명문 집안이다. 심의겸의 동생 심충겸은 선조의 피난길을 동행하여 호성공신(扈聖功臣)에 오른 인물이다. 정동에 살고 있던 심연원과 심의겸의 집이 종묘와 동궁 등으로 궁궐에 편입되었지만, 사적(私的)으로는 선조의 외증조부와 외삼촌 등 왕실사람들의 집이기도 했던 것이다.

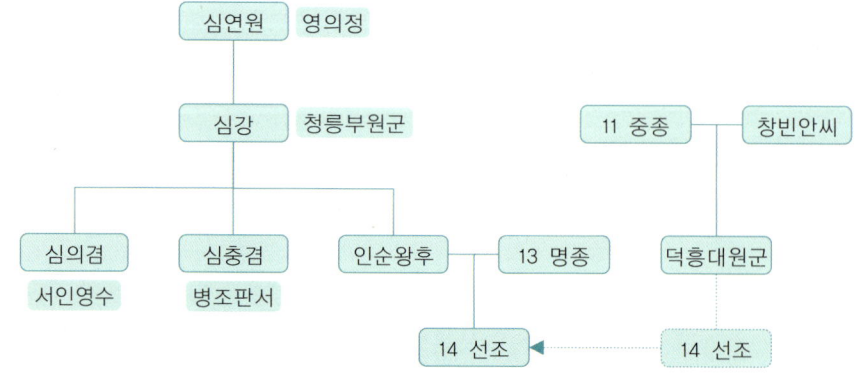

특히 심의겸과 심충겸 형제는 조선 역사에서 동서분당의 당사자였다는 점에서 큰 의미를 지닌다. 선조 8년에 심의겸이 동생 심충겸을 이조정랑으로 추천하였으나, '정랑자리는 왕실 외척의 사유물이 아니다'라는 논리로 김효원에 의해 거부되면서, 각각을 따르던 정치적 무리에 의해 정계가 동인과 서인으로 분리되었던 것이다. 이때 심의겸이 한양의 서쪽인 정동에 살았으므로 그 무리를 서인(西人)이라 하였고, 김효원의 집은 동쪽에 있었기 때문에 동인(東人)이라 불렀다.

심강 신도비, 출처 : 문화재청

③ 한혜 가계

영의정 한상경의 집안은 세종 때 함흥판윤을 지낸 한혜가 처음 정동에 자리를 잡은 것으로 보인다. 한혜의 집안 역시 부친 한상경과 오촌 조카 한명회가 영의정이고 아들이 좌찬성을 역임한 명문가이다. 특히 영의정 한명회는 두 딸이 예종과 성종의 왕비가 되어 당대 최고의 권세를 과시하였다. 하지만 불행하게도 예종비 장순왕후는 17세에 승하하였고, 성종비 공혜왕후는 19세에 승하하였다. 더구나 장순왕후는 인성대군을 낳고 이듬해 산후병으로 요절하였는데, 인성대군마저 이듬해 3세의 나이로 요절하면서 한명회 가문의 영학가 지속되지는 못하였다.

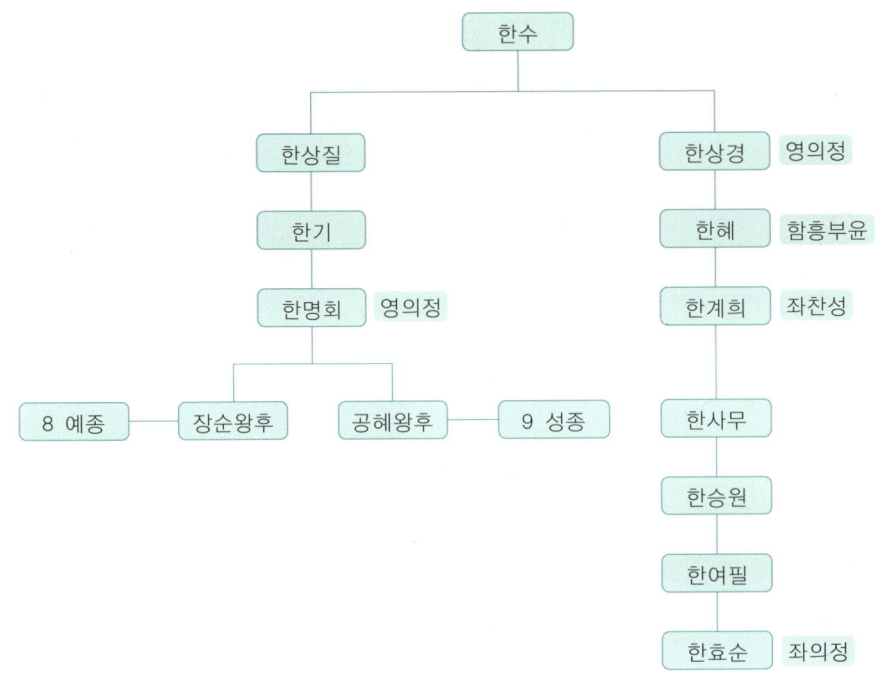

한명회묘   무인석

　임진왜란 당시에는 한혜의 5세 후손인 한효순이 경상좌도관찰사와 병마수군절도사 등 군대 일선에서 해안선 방어와 군량조달에 큰 공을 세우고 있었다. 그런데 선조가 경운궁에 들어간 이듬해 병조참판에 임명되어 한양으로 올라온다. 이는 전장에서의 공적과 함

께 한효순 집안의 건물이 궁궐로 편입된데 대한 고마움의 표시였던 것으로 보인다. 한효순은 얼마 후 이순신장군 휘하에 들어가 수군강화에 더욱 진력하였다.

공혜왕후 순릉

한계희 신도비

(3) 궁궐공간

정동에 처음으로 거처를 정한 임금은 선조이다. 이로써 정동(貞洞) 지역은 왕릉공간에서 일반인이 거주하는 생활공간으로, 그리고 다시 생활공간에서 왕과 신하가 정사를 나누는 궁궐공간으로 기능이 바뀌어 갔음을 알 수 있다. 선조는 한양으로 돌아온 이후 승하할 때까지 15년 동안 정동에서만 정무를 보았다. 선조 재위기간 정릉동행궁은 정식 궁호가 없었다. 단지 임금의 임시거처를 의미하는 행궁·행재소·시어소 등으로 불렸을 뿐이다. 경복궁이나 창덕궁이 중창될 때까지만 임시로 머물 생각이었기 때문이다.

하지만 선조는 전쟁의 후유증과 경제난 등으로 쉽사리 궁궐공사를 진행하지 못했고, 광해군이 즉위한 후에야 창덕궁 공사를 완료할 수 있었다. 그런데 무슨 이유에서인지 광해군은 1611년 창덕궁으로 이어하면서 정릉동행궁을 경운궁으로 승격하였다. 경운궁(慶運宮)이란 궁호는 이렇게 광해군에 의해 탄생되었다.

남한산성 행궁

남한산성 행궁

행궁(行宮)이란 임금이 궁궐 밖으로 행차할 때 머무는 임시거처를 말하며, 행재소(行在所) 또는 시어소(時御所)라고도 부른다. 행궁은 주로 능행·휴양·피난의 목적으로 사용하기 위해 조성한다. 보통 당일로 다녀올 수 없는 능행이나 휴양을 위해 마련하는 것이 일반적이지만, 전쟁과 같은 위급한 상황을 대비하여 마련하기도 한다.

능행	휴양	피난
▷ 파주행궁 ▷ 고양행궁 ▷ 화성행궁	▷ 온양행궁 ▷ 이천행궁 ▷ 청주행궁	▷ 강화행궁 ▷ 광주행궁 ▷ 양주행궁

목적별 행궁 분류

왕은 언제든지 필요할 때 이용할 수 있도록, 미리 행궁을 마련해 놓고 관리하였다. 그러나 임금이 전쟁이나 순행 도중, 예정에 없이 머무는 곳도 모두 행궁이라고 부른다. 임진왜란 때 선조는 수도권 방어의 마지막 보루로 여겼던 신립장군의 부대가 충주 탄금대 전투에서 패하자 북쪽으로 피난을 서둘렀다. 그래서 다급히 광해군을 세자로 책봉하고 새벽에 야음을 틈타 피난길에 올랐다. 백성을 버린 임금이 백성을 볼 면목이 없었던 것이다.

선조가 피난생활 중 머물렀던 거처도 대부분 행궁이라고 불렀다. 특히 관아에 머문 경우에는 영변행궁·강서현행궁·영유현행궁 등과 같이 행정지명(行政地名)을 앞에 붙여서 불렀다. 그래서 한양에서도 '정릉동에 있는 행궁'이란 의미로 정릉동행궁(貞陵洞行宮)이라 부른 것이다.

화성행궁

수원화성

규모가 작은 전각이나 일반주택인 경우에는 행궁(行宮)보다 행재소(行在所)란 용어를 더 많이 사용했으며, 한양에 도착한 이후에는 시어소(時御所)라고도 하였다. 시어소는 '임금이 이동 중에 잠시 머무는 곳'이라는 의미보다 '정궁에 들어가기 전에 임시로 머무는 곳'이라는 의미가 더 강하였다. 하지만 이러한 용어가 반드시 통일되어 있지는 않았다.

선조는 정릉동행궁에 정착한 이후, 정전·편전·동궁·궐내각사 등의 전각을 차례차례 갖추어 갖지만 정식 궁궐로 인정하지는 않았다. 그래서 재위기간 내내 행궁이라고 불렀다. 하지만 광해군은 즉위한지 3년 만에 창덕궁을 완성하고 이어한 다음, '정릉동행궁'을 '경운궁'이라고 공식 궁궐명칭을 부여하였다. 이제 경운궁은 왕이 임시로 머무는 곳이 아니라 언제든지 궁궐의 기능을 대체할 수 있는 정식 궁궐이 되었음을 의미한다. 실제로 광해군은 이듬해 경운궁으로 다시 돌아온 다음 4년을 더 머물렀다. 그리고 1615년에 완전히 창덕궁으로 거처를 옮겼다.

3 역사 둘러보기

경운궁은 선조 때 처음 조성된 뒤, 광해군 때까지 30여년을 사용하였지만 당시의 유적과 유물은 흔적도 없다. 심지어 경운궁의 영역에 대한 정보마저도 전무한 실정이다. 단지 경운궁의 전각이 6백여 칸이었다는 짧막한 내용만이 『광해군일기』에 전할뿐이다. 현재의 경운궁 영역은 고종 재위 당시의 1/2 정도에 불과하다. 남아있는 유적은 건물과 문 등을 모두 합해도 20여 점 뿐이다. 이마저도 구조적으로나 기능적으로 일제시기를 거치면서 그 원형이 상당부분 왜곡된 상태이다. 따라서 이들 제한된 유적만으로는 경운궁을 제대로 파악할 수 없다. 더욱이 고종 이전의 경운궁에 대해선 아예 접근조차 할 수 없는 게 현실이다.

경운궁 전경. 출처 : 덕수궁

選조는 피난에서 돌아온 이후, 경운궁에서 15년간 머물다 생을 마쳤다. 광해군은 비록 여러 궁궐을 완공하고 옮겨 다녔지만 폐위될 때까지 경운궁을 그대로 유지시켰다. 그런데 반정으로 정권을 잡은 인조가 즉위한 뒤, 즉조당과 석어당 두 채를 제외하고 모두 원주인에게 돌려주라고 지시하면서 경운궁을 해체시켰다. 선조가 행궁으로 사용한지 꼭 30년 만의 일이다.

이렇게 역사 속에 묻혀 있던 경운궁이 왕조의 끝자락에서 고종에 의해 재탄생되었다. 을미사변 이후 러시아 공사관으로 피신한 고종은 곧바로 경운궁의 중건을 지시하였다. 그리고 이듬해 경운궁으로 환궁하고 황제에 즉위하여 대한제국을 선포하였으며, 순종에게 양위할 때까지 10년간 경운궁에 머물렀다. 고종의 퇴위 이후에는 점진적으로 해체작업이 진행되다가, 한일합방 이후에는 선원전 영역의 매각을 비롯하여 궁궐영역이 급진적으로 축소되었다. 그리고 1933년 일제는 경운궁을 일반시민에게 개방하면서 왕조의 흔적을 점진적으로 지워나갔다.

(1) 광해군 시절

선조는 죽는 순간까지 적장자 영창대군에 대한 미련을 버리지 않았다. 그래서 선조의 갑작스런 죽음은 광해군의 극적인 계승으로 이어졌다. 광해군은 즉위와 함께 창덕궁 중건을 시작하여 이듬해 겨울 완공하였다. 하지만 웬일인지 한 곳에 머물지 못하고 창덕궁과 경운궁을 몇 차례 옮겨 다니다 재위 7년 만에야 창덕궁에 정착하였다.

창덕궁 인정전 · 창덕궁 대조전

    그 이유에 대해서는 추측이 난무한다. 창덕궁이 풍수적으로 좋지 않다거나, 단종과 연산군이 폐위된 곳이어서 기피했다고도 한다. 이와 관련된 또 다른 시각이 있다. 바로 역모와 관련된 이야기다. 영창대군이 강화도에서 사망한 이듬해, 이번에는 정원군의 아들 능창대군이 역모 혐의로 강화도에 위리안치 되었다가 3개월 만에 자결하였다. 이후 광해군은 정원군의 집터에 왕기가 서려있다는 이유로 그곳에 경희궁 공사를 지시하였다. 그리고 인목왕후를 경운궁에 유폐시키고, 경운궁 전각의 재목을 뜯어다 경희궁 공사에 사용하였다. 이번에는 경운궁이 아닌 경희궁을 지어 옮겨가려고 했던 것이다.

경희궁 숭정문 · 경희궁 숭정전

광해군은 창덕궁으로 거처를 옮기면서 인목대비는 그대로 경운궁에 머물도록 하였다. 인목대비의 부모와 자식까지 죽인 상황에서 동일한 공간에 함께 생활하는 것이 힘들었을 것이다. 그런데 현실적으로는 그 자체로 인목왕후를 경운궁에 연금시키는 효과까지 있었다. 이후 대소신료들을 중심으로 인목대비를 폐위시켜야 한다는 상소가 매일같이 올라왔다. 하지만 광해군은 인목대비를 직접 폐위시키지 않고 경운궁을 서궁(西宮)으로 격하시킴으로서 그곳에 거주하는 인목대비의 신분을 강등시키는 방법을 택하였다.

인목대비가 경운궁에 유폐되어 있는 동안 인경궁과 경희궁 두 곳의 공사를 동시에 강행하였다. 새로운 궁궐공사에 필요한 재목을 보충하기 위해 경운궁의 전각을 하나씩 철거해 갈수록, 인목대비의 상황은 더욱 비참하게 변해갔다. 하지만 경운궁의 배치나 건물의 이름이 전혀 언급되어 있지 않아 궁궐의 상황에 대해서는 전혀 유추할 수 없다. 그런데 운명의 장난인지 경희궁을 완공한지 두 달 만에 인조반정이 발생하여 광해군은 권좌에서 쫓겨나고 말았다.

광해군묘

광해군묘

광해군은 명나라와 후금 사이에서 중립외교를 통해 국난을 극복하기 위해 노력한 임금으로 알려져 있다. 그런데 이 시기의 국제정세는 광해군이 거처를 창덕궁으로 옮기는 시점과 유사하게 겹친다. 만주에서 유목민족의 세력을 통일하고 후금을 건립한 누르하치는 명나라에 선전포고를 하였고, 이에 위기의식을 느낀 명나라는 임진왜란 때 도와준 은혜를 들어 조선에 지원병을 요청하였다. 그러나 광해군은 약소국인 조선이 어느 한쪽 편을 들기에는 정치적으로나 현실적으로 무리가 있다고 판단하고 중립외교를 표방하였다.

당시 조선의 정치권은 인목대비에 대한 폐륜과 명나라에 대한 의리 문제까지 겹치면서 광해군에게 더욱 불리하게 전개되고 있었다. 후금 문제로 파병을 요청하는 명나라에 대해 광해군은 국가적 득실을 고민하였지만, 반대파인 서인세력은 이 문제를 정치적으로 이용하였다. 심지어 "나라가 무너질지언정 차마 대의를 버릴 수 없다."[3]며 강경한 자세로 임금에게 맞서기까지 하였다. 이와 같은 비정상적인 상황은 서인세력에게 반정의 빌미가 되었고, 결국 인조반정으로 광해군시대는 종말을 고하고 말았다. 반정에 성공한 인조는 광해군이 즉위했던 즉조당(卽阼堂)에 나아가 즉위식을 거행하였다. 인조의 즉위식은 조선 중기 경운궁에서 거행한 마지막 공식행사가 되었다.

인조 장릉

인조 장릉

인조반정 이후 경운궁은 궁궐로서의 기능을 끝내고 잠시 잊혀진 공간이 되었다. 인조가 즉위와 함께 즉조당과 석어당을 제외한 모든 건물을 원래의 주인에게 돌려주면서 경

3) 『광해군일기』 1621년(광해군 13) 2월 11일.

운궁이 해체되었기 때문이다.

(2) 고종 시절

경운궁의 중창은 1895년 발생한 명성황후 시해사건으로부터 촉발되었다. 당시 일본은 청일전쟁에서 승리했음에도 불구하고 삼국간섭의 여파로 조선의 정국이 러시아 쪽으로 기울자 친러세력을 제거하고 친일세력을 키우고자 동분서주하였다. 그러나 친러반일 정

책에 적극적인 명성황후의 견제 때문에 일제의 정치적 구상에 차질을 빚게 되었다. 그러자 일본은 친일파와 낭인들을 동원하여 명성황후를 무참하게 시해하였다. 이후 러시아공사관으로 피신한 고종은 곧바로 경운궁 재건을 지시하였다. 경운궁 주위는 미국·러시아·영국 등 세계열강의 공사관이 에워싸고 있어 신변보장은 물론 일본의 내정 간섭으로부터 대처가 용이하다고 판단했기 때문이다.

경운궁은 고종의 아관파천 이후 중창되었지만 정상적인 궁궐로 활용된 건 10년 정도에 불과하다. 그것도 1904년 대화재로 대부분의 전각이 소실되어 실질적으로는 7년간이라고 해야 할 것이다. 나머지 3년 동안은 경운궁을 다시 세우는 일과 러일전쟁·한일의정서·을사조약·헤이그 특사사건 등 굵직한 정치사건으로 뒤엉켜 있어 현실적으로 궁궐의 기능을 할 수 있는 상황이 아니었기 때문이다. 화재 이후, 고종은 미국공사관 옆에 있는 중명전으로 거처를 옮겨 강제로 퇴위될 때까지 그곳에서 정사를 보았다.

중명전으로 거처를 옮긴 고종은 곧바로 경운궁 중창을 시작하였다. 2년여의 공사 끝에 경운궁은 어느 정도 옛 모습을 되찾았으나, 고종이 이미 퇴위한 뒤여서 궁궐의 의미가 없어졌다. 이렇게 기능을 잃어버린 경운궁은 덕혜옹주의 탄생과 함께 잠시 활기를 되찾았으나, 고종의 갑작스런 죽음과 함께 궁궐도 마지막 생명을 다하였다.

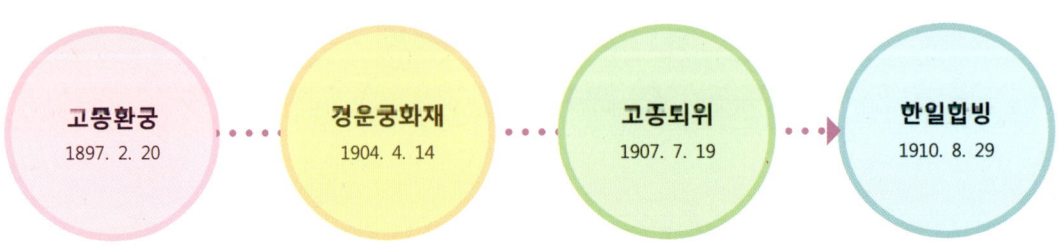

① 고종의 환궁 ~ 대화재 이전

경운궁은 고종의 아관파천을 계기로 시작되었다. 고종은 친미파와 친러파의 도움으로 러시아공사관으로 거처를 옮긴 이후, 곧바로 경운궁 중건을 지시하여 정동이 국정의 중심지가 될 것임을 분명히 하였다. 환궁한 이후에는 황제에 즉위하여 대한제국이 청나라의 속국이 아닌 자주독립국가가 되었음을 대내외에 선포하였다.

1900년대에는 궁궐의 경계를 확정하고, 구선원전(舊璿源殿)의 화재를 계기로 미국공사관 북쪽에 선원전을 신축하면서 궁궐영역을 대폭 확장하였다. 이 시기 고종은 석조전·정관헌·돈덕전 등 양관(洋館)을 집중적으로 건립하여 구본신참(舊本新參)의 연장선에서 서양의 선진문물을 적극적으로 수용하는 개방적인 태도를 보였다. 1902년에는 정전인 중화전의 완공으로 경운궁이 어느 정도 궁궐의 모습을 갖추었다. 그러나 안타깝게도 2년 후 발생한 대형화재로 경운궁은 폐허가 되었다.

창덕궁 선원전

선원전 근경

◈◈ 근대화시기 각국의 서양문명 수용논리

일본 - 화혼양재(和魂洋才)
화혼(和魂)은 일본의 전통정신을, 양재(洋才)는 서양의 과학문명을 말한다. 따라서 화혼양재는 '일본인의 정신을 토대로 서양의 기술을 받아들인다'는 개념이다. 이는 근대화시기에 서양 문물이 유입되면서 체제 변혁의 요구에 직면한 일본이 상황의 타개를 위해 내세웠던 서구 문명의 수용논리이다. 화혼양재의 정신은 메이지유신의 정신적 지도자인 요시다 쇼인(吉田松陰)에 의해 주창되어 일본이 근대화를 성공적으로 정착시키는데 초석이 되었다.

청나라 - 중체서용(中體西用)
중체서용이란 청나라에서 일어난 양무운동의 기본사상으로서 중국 전통의 유학사상을 중심으로 하고, 서양의 문물을 부분적으로 수용하자는 온건적 개화사상이다. 그러나 1894년 청일전쟁에서 패배하자 청나라는 중체서용의 부분개혁의 한계성을 인식하고 메이지유신의 영향을 받아 전면적 개혁인 변법자강운동(變法自彊運動)을 전개하였다. 청나라의 중체서용 개념은 조선의 동도서기와 대한제국의 구본신참에 영향을 주었다.

조선 - 동도서기(東道西器)
동도서기는 동양의 철학과 사상은 그대로 유지한 채 서양의 과학문명을 받아들여 부국강병을 이룩한다는 것으로, 1880년대에 들어와 국가정책으로 채택되었다. 1888년 이후 일본의 영향력이 커짐에 따라 당대 지식인들은 서양과 일본을 모두 배격하는 위정척사파와 동도서기를 주장하는 온건개화파로 나뉘기 시작하였다. 온건개화파가 주장하는 동도서기론은 대체적으로 친청파 인사들에 의해 제기되었다.

대한제국 - 구본신참(舊本新參)
구본신참은 옛 것을 근본으로 해서 새로운 것을 참고한다는 뜻으로, 19세기 말 개화파에 의해 전개된 서양문명의 수용논리이다. 구본신참에서 말하는 옛 것이란 갑오개혁과 을미개혁 이전의 우리 것을 뜻한다. 즉 외국 제도의 무분별한 모방과 급진성으로 인해 개혁이 제대로 이루어지지 못한 앞선 개혁의 실패를 거울삼아 우리 고유의 문화와 사상과 제도를 유지하면서 점진적으로 서구문물을 받아들이자는 이론이다. 대표적인 인물로는 김병시·이용익·정범조 등이 있다.

② 대화재 이후 ~ 고종의 퇴위

대화재로 경운궁이 전소되자 고종은 함녕전에서 미국공사관 서쪽에 있는 중명전으로 거처를 옮겼다. 주위에서는 당장 사용이 가능한 경복궁이나 창덕궁으로의 이어를 권장하기도 하였으나, 고종은 곧바로 경운궁의 중창을 지시하며 경운궁에 대한 강한 의지를 보였다. 경운궁 공사는 즉조당과 석어당을 중심으로 곧바로 재개되어, 2년 후에는 대부분의 전각이 재건되었다.

대화재 이후 고종이 퇴위하기까지의 3년은 고종에게 가장 견디기 힘든 기간이었다. 이 기간 동안 국가의 주권을 하나 둘 강탈당하다 급기야 강제로 퇴위당하는 치욕까지 겪어야 했기 때문이다. 이 기간은 고종뿐만 아니라 대한제국의 불행이기도 했다.

헤이그 특사
(이상설·이준·이위종)

러일전쟁 때는 한국전역을 군사기지로 이용하더니, 전쟁에 승리하자 외교·재정·군부 등 중앙 부처에 일본인 고문을 파견하여 국정을 장악하였다. 일본은 을사조약을 앞두고 서구 열강과 한 달 간격으로 '약소국 나눠 먹기식 양해조약'을 체결하여 대한제국에 대한

지배권을 확보하였다. 그리고 곧바로 고종과 친일파 신하들을 겁박하여 을사조약을 성사시키고 외교권마저 강탈하였다. 고종은 네덜란드의 수도 헤이그에서 열리는 만국평화회의에 특사를 파견하여 을사조약의 부당성을 알리고자 하였으나, 이는 결국 고종 자신이 권좌에서 축출되는 결과를 가져오고 말았다.

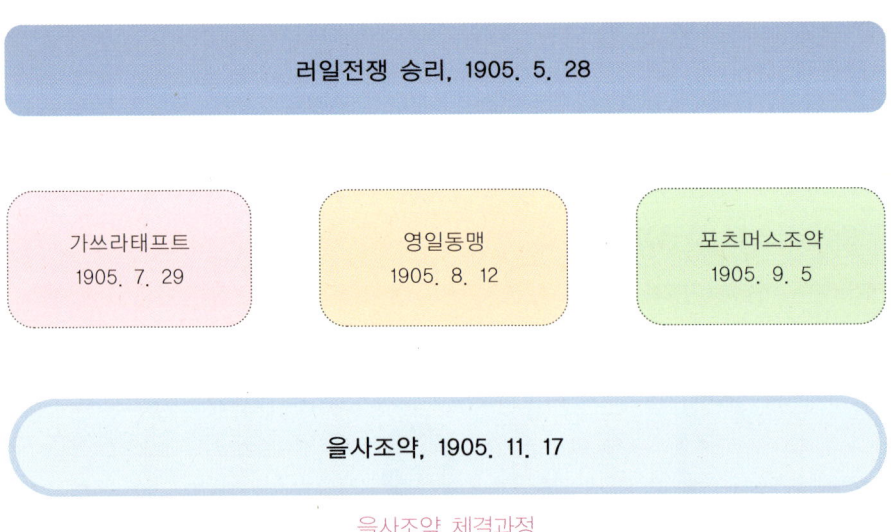

을사조약 체결과정

◆◆ 을사조약 체결과정

1905년 5월 28일 - 러일전쟁 승리

1904년 2월 8일 뤼순항을 기습공격하면서 촉발된 러일전쟁은 1년 넘게 지속되었으나 이듬해 5월 쓰시마 앞바다에서 러시아의 주력부대인 발틱(Baltic) 함대가 격파되면서 사실상 러일전쟁이 종결되었다. 전쟁결과 러시아군은 4,830명이 전사하고 6,106명의 포로가 발생하였지만 일본은 고작 117명이 전사하고 583명이 부상당하는 등 피해가 미미하였다. 러일전쟁에서 승리한 일본은 한국에 대한 지배권을 굳건히 하고 만주로 진출하였으나 이때부터 미국과의 대립이 시작되었다.

1905년 7월 29일 - 가쓰라태프트밀약

쓰시마 해전의 결과 일본의 승리가 눈앞에 보이자 미국의 육군장관 윌리엄 태프트(William Howard Taft)는 내각총리대신 가쓰라 타로(桂太郞)를 방문하여 미국과 일본이 필리핀과 대한제국에 대한 서로의 지배권을 인정하는 비밀협약을 체결하였다. 이는 일본이 서구 열강의 승인 아래 한반도의 식민화를 본격적으로 추진하는 직접적인 계기가 되었다.

1905년 8월 12일 - 영일동맹

러일전쟁에서 승리한 일본은 한국과 만주에서 러시아 세력을 축출하고, 한국을 독자적으로 지배할 수 있는 우선권을 확보하였다. 이와 같이 유리한 상황 속에서 일본은 영국과 제2차 영일동맹을 체결하여 일본의 한국지배를 외교적으로 보장받았다. 즉 영국은 일본이 한국에서 가지는 정치·경제·군사적 이익을 보장하며, 일본은 영국의 인도지배 및 국경지역에서의 이익을 지지해 줄 것 등서로의 이익을 확보하였다. 결국 영일동맹은 제국주의 열강 간의 상호협조와 동의를 보장받아 약소국을 지배하는 국제조약인 셈이었다.

1905년 9월 5일 - 포츠머스조약

러일전쟁을 마무리하기 위해 미국의 중재 하에 포츠머스(Portsmouth)에서 일본과 러시아간에 체결된 조약으로 사실상 일본의 승리를 확인하는 종전조약이었다. 일본은 유리한 전쟁 상황을 기반으로 한국에 대한 일본의 자유처분권과 일정 기한 내에 러시아군이 만주에서 철수하며, 요동반도의 조차권 및 하얼빈에서 여순 간 철도를 일본에 양도할 것 등의 요구 조건을 모두 승낙을 받았다.

이로써 일본은 동아시아에서 제1강국으로 군림하게 되었으며, 서구열강으로부터 대한제국에 대한 독점권을 확실하게 인정받게 되었다. 1905년 11월 17일 일본이 대한제국에 을사조약을 강요할 수 있었던 힘은 여기에서 나온 것이었다. 이는 만주 침략을 위한 확실한 교두보가 되었다.

③ 고종의 퇴위 ~ 한일합방

대한제국은 순종이 즉위한지 3년 만에 한일합방이 되고 말았다. 순종의 재위기간 역시 고종의 마지막 3년만큼이나 힘들고 고통스런 나날의 연속이었다. 고종으로부터 왕위를 물려받자마자 정미조약과 군대해산이 대한제국의 숨통을 조여 왔다. 그리고 이완용의 사촌형 이윤용의 건의를 받아들여 경운궁을 덕수궁(德壽宮)으로 개명하였다. 덕수궁이란 궁호는 이때 처음 사용되었다. 덕수(德壽)란 '덕을 쌓고 오래도록 천수를 누린다.'는 의미이다. 표면적으로는 고종을 위한 내용으로 포장되어 있지만, 내면적으로는 국가를 상징하는 궁궐명(宮闕名)에서 고종 개인의 안위를 염원하는 저택명(邸宅名)으로 격하시킨 교묘한 술책이 엿보인다.

창덕궁으로 거처를 옮긴 이후에는 사법권과 경찰권마저 박탈당해, 정작 한일합방이 체결될 당시에는 남아있는 권한이 거의 없었다. 이때부터 경운궁의 전각들은 다른 문화재들과 마찬가지로 일본의 의도에 따라 훼손되거나 사라져가기 시작한다. 아래의 사진은 필자가 덕홍전 행각을 2001년과 17년이 지난 2018년에 촬영한 것을 비교한 것이다. 행각의 유무만으로도 전각이 전혀 다르게 느껴진다. 이처럼 훼손된 현재의 경운궁에서 고종 당시의 모습을 유추한다는 것은 쉽지 않은 일이다.

덕홍전 행각 (2001년)

덕홍전 행각 (2018년)

④ 한일합방 이후

한일합방 이후에는 경운궁이 본격적으로 해체의 수순에 돌입하였다. 1933년에는 석조전을 미술관으로 바꾸고, 경운궁을 시민공원으로 개조하여 일반에 공개하였다. 그리고 1938년 석조전 서관을 신축하면서 대부분의 전각과 조경공사를 마무리 지었다. 따라서 현재의 경운궁은 1938년 이왕가미술관이 완공된 시점의 모습이라고 할 수 있다.

경운궁 배치도, 출처 : 네이버지도

현재 경운궁에는 건물과 문을 합해 20여 개 정도의 유적만이 남아있다. 셀 수 없을 만큼 빼곡했던 궁궐의 전각이 지금은 손가락으로 꼽을 정도이니 그 참상은 짐작조차 어렵다.

한국건축의 가장 큰 특징 중 하나가 담장이다. 담장의 사전적 의미는 집의 둘레나 일정한 공간을 둘러막기 위해 흙·돌·벽돌 따위로 쌓아 올린 것을 말한다. 궁궐도 예외가 아니다. 모든 전각에는 담장이 있었다. 담장에 의해 건물에 필요한 공간이 확보되고, 성격이 규정된다. 그런데 경운궁에 담장이 남아있는 건물은 고작 고종의 침전이었던 함녕전 뿐이다. 그마저도 서쪽 담장은 철거되고 없어 반쪽짜리 담장이다.

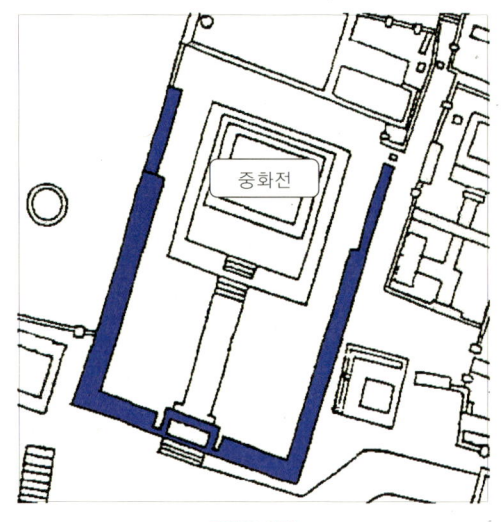
중화전 행각

행각이 철거된 중화전. 출처 : 네이버지도

규모가 큰 전각에서는 행랑이나 행각이 담장을 대신하기도 한다. 담장은 외부로부터 내부공간을 시각적으로 차단하여 안정된 공간을 확보해 줄 뿐만 아니라 건물 사이의 위계질서를 나타내기도 한다. 경운궁의 정전인 중화전도 창덕궁의 인정전과 마찬가지로 건물 주위를 육중한 행각이 에워싸고 있었다. 그런데 현재의 중화전은 행각이 모두 철거된 상태여서 옛 모습과 분위기를 느낄 수 없다. 그나마 동남쪽 모서리에 행각의 일부가 남아있어 그 규모와 형태를 다소나마 알 수 있다.

창덕궁 인정전 행각

행각이 제거된 경운궁 중화전

4 건물 둘러보기

(1) 대한문

1897년 고종이 러시아공사관에서 환궁할 당시, 경운궁의 정전은 즉조당이었다. 하지만 즉조당은 임금이 신하들과 공식행사를 치르며 정사를 나누기에는 너무 작고 불편하였다. 그래서 1902년 즉조당 전면의 평지를 확장하여 창덕궁 인정전과 유사한 규모로 정전을 만들고, 4면에 행각까지 갖추었다.

대한문

대한문 용두 장식

그러자 정문인 인화문과의 사이에 여유공간이 없어지게 되었다. 인화문 앞쪽을 나지막한 동산이 가로막고 있어 남쪽으로의 확장이 불가능하였기 때문이다. 대안으로 전면에 있는 인화문과 돈례문을 없애고, 동쪽에 있는 대안문을 정문으로 삼았다. 그리고 중화문과 대안문 사이에 조원문(朝元門)을 새롭게 건립하여 궁궐의 삼문체제를 갖추었다. 이때 인화문 앞의 물길도 대한문과 조원문 사이를 흐르도록 변경하고 이곳에 금천교를 세웠다.

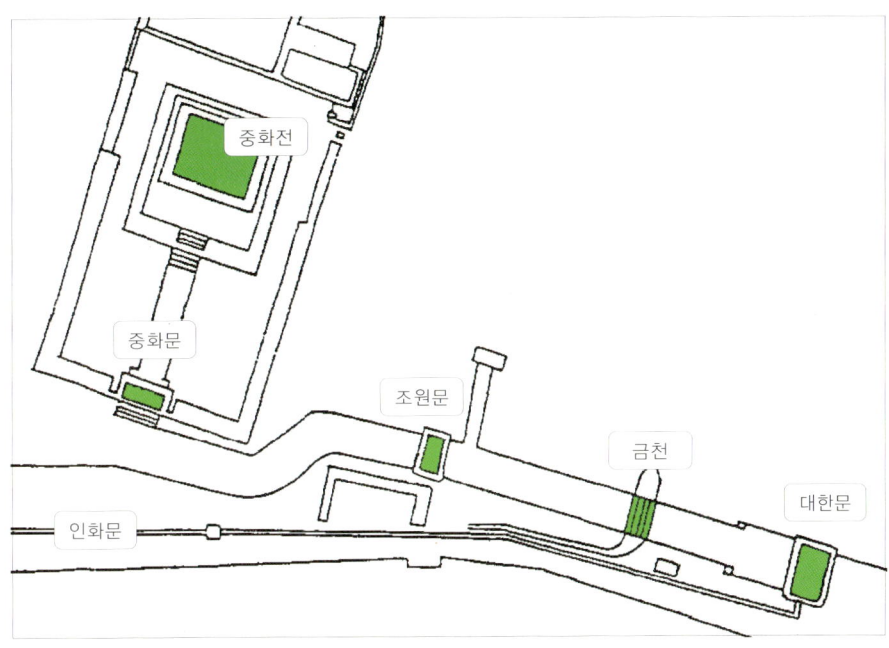

경운궁의 문 배치

① 인화문(仁化門)

조선왕조에서는 궁궐 정문 현판의 가운데 글자를 화(化)자 돌림으로 하였다. 이 규칙은 고려나 신라에도 없고, 중국이나 일본에도 없는, 조선만의 독특한 것이다. 이 원칙에 따라 경운궁 현판도 중창 당시에는 인화문(仁化門)이었다. 그러나 인화문 영역이 좁고 불편하여 나중에 동문인 대한문을 정문으로 사용하면서 인화문을 철거하였다.

경운궁 인화문. 출처 : 국립고궁박물관

경복궁 광화문

창덕궁 돈화문

창경궁 홍화문

경희궁 흥화문

　1896년 경복궁 문경전(文慶殿)에서 명성황후의 어진을 옮겨올 때, 고종이 인화문 앞에서 어진을 맞이하였다. 고종이 러시아공사관에서 경운궁으로 환궁할 때도 인화문을 통해 들어갔다. 그리고 명성황후의 장례 행렬 역시 인화문을 나와 홍릉으로 출발하였다.

　1898년에는 독립협회를 중심으로 성난 민중들이 인화문 앞에 나아가 자강개혁과 내각 개편을 요구하는 민중집회를 개최하였으며, 결국 고종이 인화문 밖으로 나와 각국 외교관들이 보는 앞에서 국태민안을 위한 담화문을 발표하기도 하였다.

인화문과 대한문. 출처 : 네이버지도

② 대안문과 대한문

처음 경운궁을 창건할 때, 정문은 남쪽에 있는 인화문이었고 대안문(大安門)은 그저 동쪽에 있는 문 중 하나일 뿐이었다. 그러나 1902년 중화전을 중창하면서 인화문을 없애고 동문인 대안문을 정문으로 사용하였다. 이때 인화문 앞으로 흐르던 금천의 물길도 대안문 앞으로 돌리고 금천교도 이전하였다. 대안문에서 대안(大安)은 '나라와 백성이 모두 태평하기를 기원한다.'는 의미이다.

1904년의 경운궁 대화재 이후, 1906년 정전인 중화전이 완공됨으로써 궁궐의 복구가 어느 정도 마무리 되었다. 이즈음 대안문(大安門)을 수리하고 이름도 대한문(大漢門)으로 변경하였으며, 「대한문상량문」에 대한문의 성격을 잘 설명해 놓았다.

乃立大漢正門 備皐門應門之規 塗勤丹雘 取霄漢雲漢之義 德合皥蒼.
대한문을 세워 궁궐의 바깥문과 정문을 갖추고, 단청을 새롭게 칠하였으며, 소한(霄漢, 하늘)과 운한(雲漢, 은하수)의 뜻을 취하여 하늘의 덕을 갖추었다.

즉 '한(漢)'은 '하늘'과 '은하수'를 뜻하므로, '대한(大漢)'에는 '한양(漢陽)이 창대해 진다'는 의미가 담겨있다는 것이다. 하지만 불행하게도 대한제국의 운명은 대한문의 의미와는 상관없이 계속해서 기울어 가고 있었다.

대안문. 출처 : 국립고궁박물관

대한문. 출처 : 국립고궁박물관

이 시기는 일본이 러일전쟁에서의 승리를 계기로 대한제국에 을사조약을 강요하고, 이토 히로부미(伊藤博文)가 초대통감으로 부임한 때여서 온 나라가 어수선하기 그지없었다. 이날 장지연은《황성신문》에 「시일야방성대곡(是日也放聲大哭)」이란 논설을 통해 울부짖었으며, 민영환과 조병세가 자결하는 등, 온 국민이 울분을 토로하던 때였다.

이러한 사연만큼이나 경운궁 현판에도 쓰라린 사연들이 맺혀있다. 대안문 현판은 의정부참찬 민병석의 글씨이다. 민병석은 이완용·윤덕영 등과 함께 한일합방 체결의 일등공신이자 대표적인 친일파로서 조선총독부에서 중추원 고문을 지낸 인물이다.

「대한문상량문」은 고종의 명으로 내부대신 이근명이 지었으며, 현판은 궁내부 특진관 남정철의 글씨이다. 이근명의 부친 이흥민 역시 경복궁 근정전 현판을 쓴 명필가였다. 그런데 동갑이었던 이근명과 남정철은 나란히 친일파로 전향하여 국가와 민족을 배반하였다. 이들은 한일합방 이후, 친일의 대가로 같은 날(1910년 10월 16일) 귀족작위를 하사 받고 호의호식(好衣好食)하다, 같은 해(1916년)·같은 나이(77세)로 사망하였다. 대한문을 볼 때마다 떠오르는 씁쓸한 기억들이다.

③ 대안문(大安門)과 배정자(裵貞子)

대안문 현판에 대한 이야기가 가끔 회자되곤 한다. 대한제국이 쇠약해진 것이 현판의 이름과 관련이 있다는 것이다. 대안문(大安門)의 '安'자가 '대궐 속의 여자'를 의미하는데, 그 여자가 '여자 이완용'이라고 불리는 배정자이며, 배정자의 잦은 궁궐 출입이 국가의 멸망을 야기했다는 주장이다.

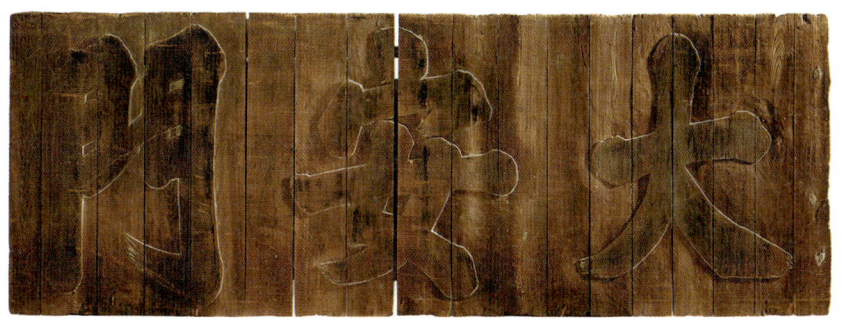

대안문 현판. 출처 : 국립고궁박물관

민중 속에 회자되는 이야기들은 사실여부와 상관없이 당시의 시대정신을 반영하는 경우가 많이 있다. 배정자와 대한제국의 운명사이에 인과관계는 성립되지 않는다 하더라도 배정자를 바라보는 민중의 눈은 매서웠다. 배정자의 악질적 친일행적만은 분명한 역사적 사실이기 때문이다.

배정자의 부친 배지홍은 김해 관아의 세무담당 관리였는데, 민씨 정권에 부정적인 인물이었다. 그래서 1873년 흥선대원군이 실각하고 고종이 친정을 시작하자, 배지홍은 흥선대원군 일파로 몰려 대구 감영에 수감되었다가 곧 사형당했다. 그 당시 세 살이었던 배정자는 어머니를 따라 유랑하다 밀양에 기생으로 팔려갔으나 도주하여 승려가 되었다.

16세 때, 이 사실이 발각되어 체포되었으나 아버지의 친구였던 밀양부사 정병하의 도움으로 일본으로 건너가 망명 중인 김옥균을 만났다. 그리고 김옥균의 주선으로 이토 히로부미를 만나면서 배정자의 인생은 일대 전환기를 맞게 되었다. 그녀의 뛰어난 미모와 능력을 눈여겨 본 이토 히로부미는 배정자를 수양딸로 삼아 다야마 데이코(田山貞子)란 이름도 지어주고 밀정(密偵)으로서 본격적인 교육을 시작하였다.

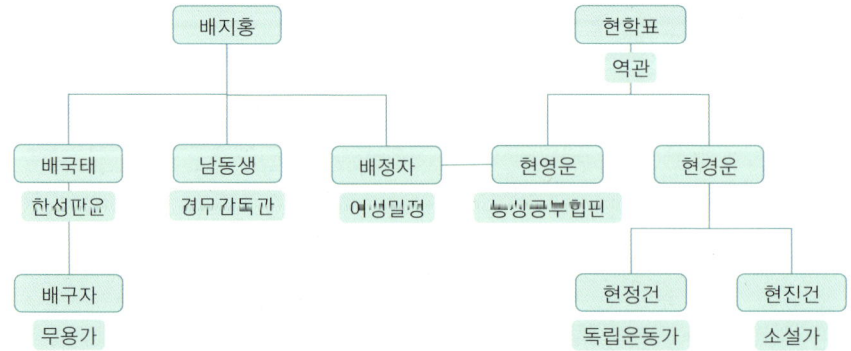

배정자는 1894년 주한일본공사의 통역 신분으로 조선으로 돌아온 이후, 고종과 순헌황귀비의 총애를 받았다. 그리고 이러한 신뢰를 기반으로 대안문을 통해 경운궁을 드나들며 궁궐의 고급정보들을 일본에 넘겨주었다. 뜻있는 사람들은 배정자와 같은 무리들의 비정상적인 궁궐출입을 위험하다고 판단하였다. 충신 최익현은 '사사로이 만나는 자들을 물리쳐 궁궐 안의 출입에 대한 단속을 엄숙히 하라'는 충심어린 상소를 올리기까지 하였다.4) 배정자의 위세는 이토 히로부미를 배경으로 오빠들을 서울시장과 경찰청장으로 발탁하는 등 거칠 것이 없었다. 이토 히로부미가 죽었을 때는 며칠간 식음을 전폐했다고 전해지며, 그녀의 활동 또한 크게 위축되었다.

한일합방 이후에는 일본 헌병대에서 근무하며 일본군 스파이로 활동하였으며, 1차 세계대전 때는 만주를 오가며 독립투사 체포에 앞잡이 노릇을 하였다. 그녀의 친일행각은 나이가 들어서도 그칠 줄을 몰랐다. 태평양전쟁 때는 70의 노구에도 일본군 위안부 모집책으로 활약하는 등 평생 조국과 민족을 배반하고 일본을 위해 헌신하였다.

배정자

---

4) 『고종실록』 1898년(고종 35) 12월 10일.

해방 이후에는 숨어 지내다가 대한민국 정부가 수립된 뒤, 반민족행위처벌법이 발효되고 이듬해 반민특위가 구성되자 곧 체포되었다. 반민법에 의해 체포된 여성은 모두 6명이었는데, 배정자는 이들 중 가장 먼저 구속되었다. 하지만 반민특위가 구성된 지 10개월 만에 이승만 정부의 방해로 해체되면서, 민족의 반역자 배정자도 풀려나 자유의 몸이 되었다. 이렇게 허무하게 풀려나버린 배정자를 민중들은 대안문과 결부시켜 영원토록 저주하고 싶었는지도 모르겠다.

④ 대한문 이전

이전하기 전의 대한문(大漢門). 출처 : 문화재청

대한문은 세 번의 변화과정을 거친 후, 현재의 모습을 갖추었다. 첫 번째는 일제 때 태평로를 넓히는 과정에서 시청 앞 광장 영역이 잘려 나갔으며, 두 번째는 해방 이후 태평로를 확장하면서 담장만 안쪽으로 16.5m 밀려났다. 마지막 세 번째 역시 태평로의 확장 때문인데, 1970년 도로가에 고립된 채로 있던 대한문만 현재의 위치로 이전되었다.

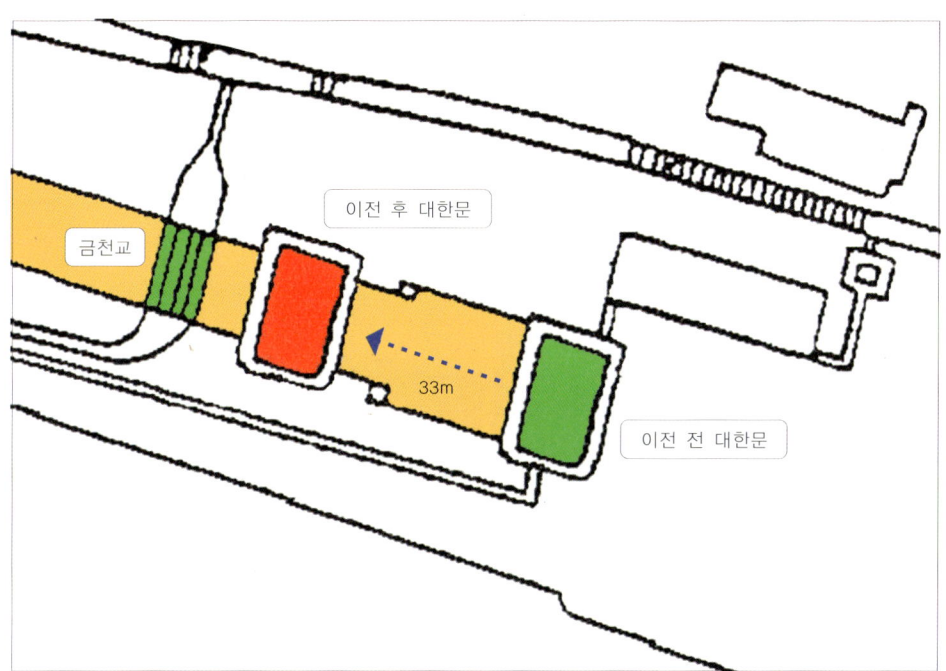

⑤ 지붕양식

건물의 지붕은 지붕면의 형태와 구성에 따라 맞배지붕·팔작지붕·우진각지붕·모임지붕으로 분류한다. 맞배지붕은 가장 간명한 지붕형식으로 직사각형의 지붕면이 전후 양면에서 경사를 이루는 지붕을 말한다. 지붕면은 직사각형이며, 건물의 모서리에 추녀가 없고, 측면 합각부의 벽이 삼각형을 이룬다. 종묘·문묘·가묘 등과 같은 사당 건물에 주로 쓰이며, 문이나 행각과 같은 보조건물에도 많이 쓰인다.

종묘 영녕전, 보물 제821호

봉정사 극락전, 국보 제15호

우진각지붕은 건물의 네 면에 지붕면이 있고, 추녀마루가 용마루에서 직접 만난다. 정면과 배면의 지붕면은 사다리꼴이며, 양 측면은 삼각형을 이룬다. 그래서 지붕면이 단정하고 간명한 느낌을 준다. 중국은 궁궐의 주요 전각이 대부분 우진각지붕이지만, 우리나라는 한양의 4대문이나 궁궐의 정문 등에 주로 사용하였으며 일반건물에는 거의 사용하지 않았다. 경복궁·창덕궁·창경궁·경희궁의 정문이 모두 우진각지붕이며, 경운궁의 정문인 대한문 역시 우진각지붕 양식이다.

경희궁 흥화문　　　　　　　　　　　　경복궁 광화문

　팔작지붕은 우진각지붕 위에 맞배지붕을 올려놓은 것과 같은 지붕양식이다. 즉 지붕 상부는 맞배지붕 형식이고 좌우 합각부의 박공이 끝나는 지점부터 처마 끝까지는 우진각지붕 형식이다. 지붕면은 용마루와 내림마루와 추녀마루를 모두 갖추어 외관이 복잡하면서도 화려한 것이 특징이다. 팔작지붕은 우리나라에서 맞배지붕과 함께 가장 많이 사용되는 지붕양식이다.

경복궁 경회루　　　　　　　　　　　　경운궁 덕흥전

　모임지붕은 용마루 없이 추녀마루가 하나의 꼭짓점에서 만나는 지붕양식을 말한다. 지붕면은 항상 삼각형을 이루는데, 지붕면의 수에 따라 사모지붕·육모지붕·팔모지붕 등으로 부른다. 모임지붕은 사찰이나 정자 등에 많이 사용된다. 경복궁에는 향원정과 팔우정이 있으며, 창덕궁은 낙선재와 후원에 많이 남아있다. 경운궁에는 모임지붕이 없다.

창덕궁 상량정 (육모지붕)

경복궁 팔우정 (팔모지붕)

⑥ 금천교(禁川橋)

풍수에서는 지면을 흐르는 생기는 물을 만나야 전진을 멈추고 그 내부에 좋은 기운을 응축시켜 명당을 만들 수 있다고 한다. 그래서 예로부터 주택이나 무덤 앞에 물길이 가로질러 흐르고 조그만 다리를 건너 내부 영역으로 진입하는 것을 흔히 볼 수 있다. 이때 물길은 하나의 공간을 성스러운 공간과 세속적 공간으로 나누는 역할을 한다. 일반적으로 성스러운 공간은 물길의 안쪽 영역, 세속적 공간은 물길의 바깥쪽 영역을 의미한다.

그래서 조선의 궁궐은 모두 다리를 건너 내부의 성스러운 공간으로 진입하도록 되어 있다. 궁궐의 다리는 정문과 정전사이에 위치한다. 다리에는 나름의 이름이 주어지기도 하지만 특별한 이름이 없는 경우에는 통상 금천교(禁川橋)라고 부른다. 이때 금천(禁川)이란 외부의 나쁜 기운이 내부로 들어갈 수 없다는 금지의 의미를 가지고 있다.

금천교   금천교

　금천교는 궁궐의 정문을 들어서면 가장 먼저 마주하게 되는 구조물이다. 정문에서 다리사이에는 어느 정도의 완충공간이 있어, 이곳에서 의례를 행하기도 하고 다리를 건너기 전 각자의 옷매무새나 마음가짐을 점검하기도 한다.

　그런데 경운궁은 이러한 완충공간이 없이 정문을 들어서면 바로 금천교가 나온다. 이유는 간단하다. 대한문이 태평로 공사 때문에 안쪽으로 33m 이전하였기 때문이다. 다리도 땅속에 묻혀 있던 것을 1987년 발굴을 통해 복원한 것이다. 당연히 물도 흐르지 않는다. 문과 다리가 정상적인 기능을 상실한 채, 대한제국의 아픈 상처를 고스란히 전해주고 있는 느낌이다.

경복궁 영제교

경희궁 금천교

경복궁의 영제교와 경희궁의 금천교는 일제 때 없어졌던 것을 최근에 복원한 것이며 물은 흐르지 않는다. 특히 영제교는 1395년(태조 4)에 만들어졌는데, 1916년 일제의 조선총독부 건물이 들어서면서 해체되었다가, 2001년에 다시 복원한 것이다. 반면 창덕궁 금천교는 1411년(태종 11)에 축조되었으며, 창경궁 옥천교는 1483년(성종 14)에 축조된 다리이다. 다행히 주재료가 석재인 까닭에 전쟁과 화재를 극복하고 무사히 보존될 수 있었다. 그래서 두 다리 모두 보물로 지정되어 있다. 이 두 다리는 600여 년의 세월이 지났지만 지금도 옛 모습과 견고함을 유지하고 있으며, 다리 밑으로는 여전히 냇물이 흐르고 있다.

창덕궁 금천교, 보물 제1762호

창경궁 옥천교, 보물 제386호

(2) 즉조당

궁궐에서 가장 위계가 높은 건물은 정전(正殿)이고, 그 다음이 편전(便殿)이다. 정전은 가례·조회·사신접견 등 왕이 참여하여 공식적인 업무를 거행하는 곳이고, 편전은 왕과 신하가 일상적인 업무를 처리하는 공간이다. 정전과 편전의 이름은 가운데 글자를 정사(政事)를 의미하는 '정(政)'자 돌림으로 하여 다른 전각과 구분하였다. 이는 모든 궁궐에 공통적으로 적용되는 특징이기도 하다.

즉조당

즉조당

조선왕조의 마지막 궁궐인 경운궁만은 이러한 전통을 따르지 않고 있다. 정전은 처음에 즉조당이었는데 태극전과 중화전으로 이름을 바꾸었다. 1902년. 2층 규모의 웅장한 정전이 완공되었을 때, 새 건물을 중화전이라고 명명하였다. 그리고 그때까지 정전으로 사용하던 중화전은 다시 원래의 이름인 즉조당으로 환원하였다.

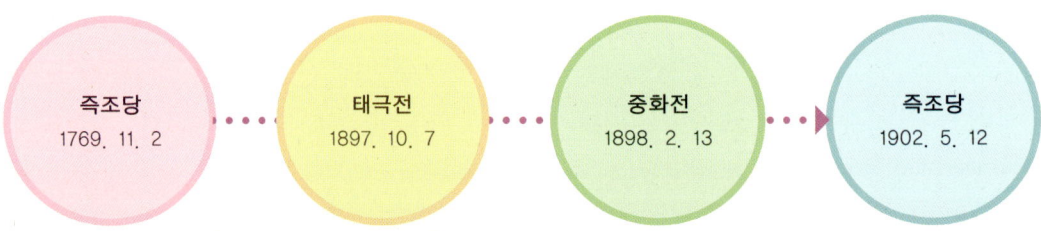

편전 역시 하나의 전각이 확실하게 지정되었다기보다 즉조당과 준명당 등이 당시의 상황에 따라 가변적으로 운용되었다. 함녕전은 고종의 침전이었지만, 경우에 따라 편전의 기능을 겸하기도 하였다. 한 가지 분명한건 정전과 편전으로 사용하던 건물이 여럿 있었지만 경운궁에서만은 '정(政)'자 돌림을 하고 있지 않다는 점이다.

	정 전(正殿)	편 전(便殿)
경복궁	근정전(勤政殿)	사정전(思政殿)
창덕궁	인정전(仁政殿)	선정전(宣政殿)
창경궁	명정전(明政殿)	문정전(文政殿)
경희궁	숭정전(崇政殿)	자정전(資政殿)
경운궁	중화전(中和殿)	즉조당·준명당

① **즉조당**(卽阼堂)

인조반정 이후 경운궁은 인조의 지시에 따라 공식적으로 해체되었다. 다만 선조가 침전으로 사용했던 두 곳만은 보존하였는데, 훗날 영조가 이곳에 즉조당과 석어당 이름을 붙여 주었다. 특히 즉조당은 인조가 즉위식을 거행한 곳으로, 이후의 왕들에게 큰 의미가 있는 건물로 인식되었다.

즉조당   즉조당 행랑

1773년. 영조는 선조의 환궁 3주갑(180년)을 기념하여, 세손 정조를 데리고 이곳을 찾아 전배(展拜)하고 석어당(昔御堂) 현판을 달게 하였다. 그리고 5주갑(300년)이 되는 1893년에는 고종이 세자 순종을 데리고 즉조당을 방문하여 전배하고 추모하였다.

고종의 아관파천이 있던 날, 고종은 태자와 함께 러시아공사관으로 가고, 명헌태후(헌종의 계비)와 태자비(순종의 정비)는 경운궁에 거처를 마련하였다. 그런데 당시에는 경운궁에 별도의 건물을 짓지 않은 상황이었으므로 유일하게 남아있었던 즉조당을 사용했던 것으로 보인다.[5]

고종은 경운궁을 중건하면서 별도로 정전을 마련하지 않고 즉조당을 개조하여 정전으로 활용하였다. 그리고 환궁 이후 처음 맞이하는 생일에 맞추어 즉조당에서 광무(光武) 연호를 반포하고, 성대하게 진하연(進賀宴)을 거행하였다. 선조와 인조가 국난을 극복하고, 영조와 정조가 국가를 부흥시킨 역사의 현장에서 고종 역시 재도약의 염원을 꿈꾸었던 것이다.

---

[5] 『고종실록』 1904년(고종 41) 4월 14일.
　병신년(1896)에 이어하였을 때에는 오로지 즉조당 하나뿐이었다. 즉조당으로 말하면 몇 백 년 동안 전해오는 것이기 때문에 서까래 하나 바꾸거나 고치지 않았는데, 몽땅 다 타렸으니 참으로 애석기 그지없다.

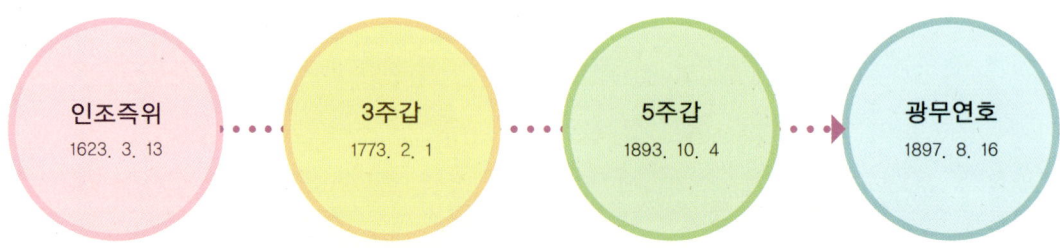

② 태극전(太極殿)

태극이란 동양 사상에서 '우주만물의 근원이 되는 실체'를 의미한다. 다분히 철학적 의미를 가지고 있지만, 예로부터 우리나라는 유교질서를 해석하고 적용하는 방편으로 태극의 이론과 문양을 즐겨 사용하였다. 고종은 경운궁의 정전을 즉조당에서 태극전으로 바꾸고, 환구단에 나아가 황제 즉위식을 거행하였다.

황제 즉위식 행렬 역시 맨 앞에 태극기를 등장시켰으며 한양 일대는 집집마다 태극기를 게양하여 새로운 황제의 즉위를 축하하였다. 즉위식 다음날에는 태극전에서 대한제국 조서를 반포하고, 황태자 책봉 등 각종 의식을 거행하였다. 2년 전 일제에 의해 시해된 왕비를 황후로 추존하고 명성(明成)이란 시호를 내린 곳도 이곳 태극전이다.

이처럼 고종은 중요한 행사를 치르기 위해 정전의 이름을 한시적으로 태극전으로 바꾸었던 것이다. 태극전으로 개명한 지 4개월 만에 다시 중화전으로 이름을 바꾸었기 때문이다. 그 사이 고종의 황제즉위가 있었으니, 1주일 후에는 영친왕이 탄생하였다. 그리고 그 다음달에는 2년 넘게 미뤄 두었던 명성황후 장례식을 성대하게 거행하였다. 장례식에서도 역시 태극기를 든 기수가 행렬의 맨 앞을 걸어가고 있다.

4. 건물 둘러보기 69

명성황후 국장 행렬

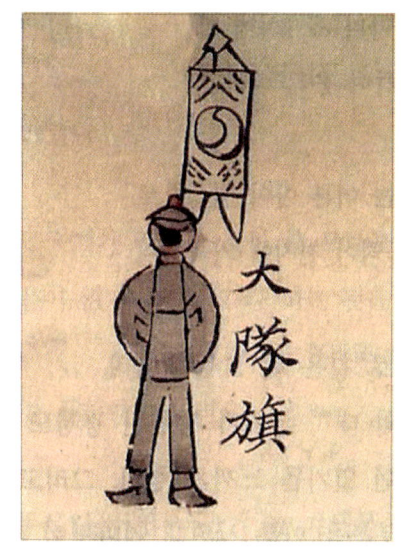
『명성황후국장도감의궤』

태극전
1897. 10. 7

황제즉위
1897. 10. 12

영친왕탄생
1897. 10. 20

황후장례식
1897. 11. 22

③ 중화전(中和殿)

　태극전을 중화전으로 변경한 후, 경효전(景孝殿)의 명성황후 신주를 중화전에 이안하고 최초의 근대적 헌법인 대한국국제(大韓國國制)를 반포하였다. 이듬해 1899년에는 황실의 시조묘인 조경단을 정비하고, 삼척에 있는 준경묘와 영경묘를 새롭게 단장하였다.[6] 이어서 비명횡사(非命橫死)한 사도세자를 왕으로 추존하고, 태조와 네 임금을 황제로 추존하는 등

6) 준경묘와 영경묘는 태조 이성계의 5대조 할아버지와 할머니 무덤을 말한다.

황제와 황실의 위상을 숭상하는 작업을 순차적으로 진행하였다.

중화전 현판. 출처 : 국립고궁박물관

준경묘(濬慶墓)   영경묘(永慶墓)

특히 「대한국국제」의 반포는 대한제국이 자주독립국가로 거듭났음을 세계만방에 선언함과 동시에 중국 중심의 화이론적 국제질서에서 벗어나 서구 중심의 만국공법적 국제질서로 들어간다는 것을 의미하였다. 아울러 국가(國歌)·국기·국경일·훈장 등 나라의 기념일과 상징물 제정 작업도 동시에 진행하였는데, 이는 바로 서구적 기준에 맞추어 국가와 국왕의 위상을 높이고 자주독립국가로서의 면모를 갖추어 근대국가의 일원으로 나아가기 위한 작업들이었다.

이에 따라 명헌태후와 고종의 생일 축하연도 다른 때와 달리 더욱 화려하고 성대하게 거행하였다. 1901년 중화전에서 거행된 명헌태후의 생일잔치에는 전면에 교룡기(交龍旗) 대신 태극기(太極旗)가 등장하여 눈길을 끈다. 태극기가 이미 국가와 황실의 상징으로 활용되고 있음을 알 수 있다.

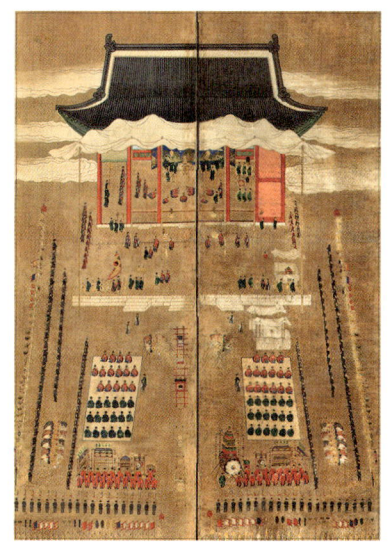

신축진찬도병풍 (1901년)

출처 : 국립고궁박물관

1887년 1월 27일. 고종은 창경궁 만경전(萬慶殿)에서 익종비 신정왕후의 팔순잔치를 성대하게 거행하고, 다음날의 회작연(會酌宴)은 경복궁에서 베풀었다. 이때를 기념하기 위해 제작된 「성해신찬노병풍」에는 한 무리의 관원들이 금지막한 교룡기를 치켜들고 행시장

앞쪽에 늘어서 있는 모습이 강조되어 있다. 이때까지만 해도 교룡기(交龍旗)가 왕을 상징하는 깃발이었음을 알 수 있다.

정해진찬도병풍 (1887년)

출처 : 국립중앙박물관

1902년은 고종의 나이 51세로 육십을 향한 첫 해이고, 즉위한지 40년이 되는 해이다. 그래서 정부에서는 이 해를 기념하는 상징물을 만들어 국가의 위상을 고양하고 황제에 대한 충성심을 유도하고자 하였다. 광화문 사거리에 있는 기념비전(紀念碑殿)은 이때 제작된 상징물 중 하나이다. 기념비전의 철제 대문 중앙에도 태극문양이 장식되어 있다.

이처럼 경운궁에서 중화전을 정전으로 사용하던 시기는 대한제국이 하나씩 국가의 체계를 갖추어 가던 때였다. 고종의 어진과 황태자 순종의 예진7)도 이때 다수 제작하여 전국의 곳곳에 분산 배치하였다. 현전하는 황제의 어진과 황태자의 예진은 대부분 이 시기에 제작된 것들이다.

---
7) 어진(御眞) – 임금의 화상(畵像)이나 사진.
  예진(睿眞) – 세자의 화상(畵像)이나 사진.

칭경기념비전

태극문양

이 시기에는 국가와 황실의 위상을 높이기 위한 각종 기념행사와 아울러 다양한 형태의 기념장·훈장·메달·엽서들도 제작되었다.

고종 어진 / 출처 : 국립고궁박물관

고종황제 성수50년 기념장. 출처 : 국립고궁박물관

◆◆ 이화문장(李花紋章)

이화문장

독립문 아치

대한제국은 황제국가를 선포하면서 국가의 상징으로 태극(太極)을, 황실의 상징으로 이화(李花)를 지정한 것으로 알려져 있다. 그런데 이화문장은 화폐나 훈장 및 국가시설 등 다방면에 적용되어, 국가 상징으로도 사용되었다. 현재는 전주이씨대동종약원 상징문양으로 사용되고 있다.

석조전 페디먼트

덕홍전 전등

④ 즉조당(卽阼堂)

1902년. 2층 규모의 정전(正殿)이 새롭게 완공되었다. 고종은 지금까지 사용 중이던 중화전을 다시 처음의 이름인 즉조당으로 되돌리고, 새로 건립한 정전에 중화전 이름을 사용하라고 지시하였다. 이에 따라 즉조당은 고종이 환궁한 때로부터 5년 동안 즉조당 → 태극전 → 중화전 → 즉조당으로 이름이 네 번이나 바뀌었다.

즉조당

光武九年乙巳七月

1902년 5월 12일. 중화전의 완공으로 정전이 옮겨간 뒤로, 즉조당은 다시 편전으로 돌아왔다. 그런데 정전이 완공된 지 2년도 지나지 않은 1904년, 경운궁이 전소되는 대형화재가 발생하였다. 고종은 미국공사관 옆 중명전으로 거처를 옮겼으며, 즉조당과 석어당은 조상의 숨결이 남아있는 곳이니 두 건물부터 공사를 시작하라고 지시하였다. 그리하여 즉조당과 석어당은 가장 먼저 완공될 수 있었다.

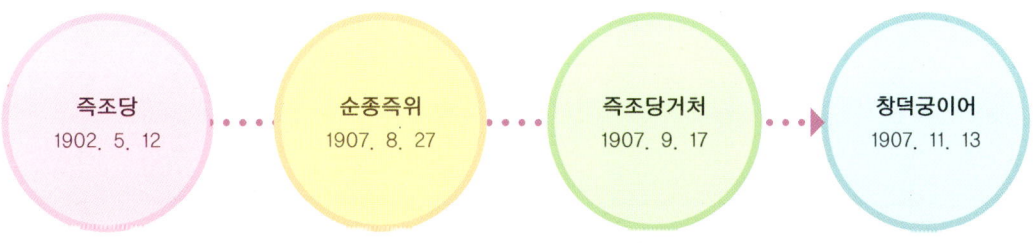

1907년 1월 24일. 즉조당에서 순종의 계비에 대한 황태자비 책봉례가 거행되었으며, 8월 27일에는 순종의 황제 즉위식이 즉조당에서 시작되어 돈덕전에서 마무리되었다. 이제 즉조당은 광해군과 인조에 이어 순종까지 세 임금의 즉위식이 거행된 곳이 되었다. 순종은 즉위식을 마치고 거처를 환벽정에서 즉조당으로 옮겨왔다. 그리고 즉조당에서 창덕궁의 수리가 끝날 때까지 2개월 동안 머물다가 황태자와 함께 창덕궁으로 떠나갔다.

순종은 황제로 즉위한 뒤, 곧바로 영친왕을 황태자로 책봉하였다. 아들이 황태자가 되어 창덕궁으로 옮겨갔지만, 친모인 순헌황귀비는 즉조당에 남아 여생(餘生)을 이곳에서 마감하였다. 한일합방 이듬해 순헌황귀비가 사망하자 일제는 왕권 약화와 재정 절감의 속셈으로 궁인들을 모두 퇴출시키고, 대외적으로는 궁인들을 해방시켰다고 선전하였다.

◆◆ 묘호(廟號)와 시호(諡號)

대한제국이 황제국을 선포하면서, 왕은 황제가 되고, 왕비(왕후)는 황후로 호칭이 격상되었다. 고종은 황제로 즉위한 뒤, 태조 이성계와 직계 7대 조상을 황제로 추존하였다. 이에 따라 영조의 아들 효장세자와 사도세자 그리고 순조의 아들 효명세자는 왕으로 즉위한 적은 없었지만, 사후에 왕으로 추존되었다가 황제로 다시 한 번 추존되었다.

황제의 호칭 - '묘호 + 황제 시호 + 황제'
　　예) 태조고황제, 고종태황제, 순종효황제

황후의 호칭 - '황후 시호 + 황제 시호 + 황후'
　　예) 신의고황후, 신덕고황후, 명성태황후, 순명효황후, 순정효황후

황제는 '묘호' 또는 '황제 시호 + 황제'로 줄여 부를 수 있다.
　　예) 태조 또는 고황제, 고종 또는 태황제, 순종 또는 효황제

황후는 '황제 시호'를 생략하고, '황후 시호 + 황후'로 줄여 부를 수 있다.
　　예) 신의황후, 신덕황후, 명성황후, 순명황후, 순정황후

묘호	황제 시호	황제 호칭	황후 시호	황후 호칭
태조	고	태조고황제	신의	신의고황후
			신덕	신덕고황후
진종	소	진종소황제	효순	효순소황후
장조	의	장조의황제	헌경	헌경의황후
정조	선	정조선황제	효의	효의선황후
순조	숙	순조숙황제	순원	순원숙황후
문조	익	문조익황제	신정	신정익황후
헌종	성	헌종성황제	효현	효현성황후
			효정	효정성황후
철종	장	철종장황제	철인	철인장황후
고종	태	고종태황제	명성	명성태황후
순종	효	순종효황제	순명	순명효황후
			순정	순정효황후

(3) 준명당

준명당(浚眀堂)은 건물보다 현판 글씨 때문에 더 이목을 끌곤 한다. 왜 '明'을 '眀'으로 썼냐는 것이다. 결론부터 말하자면 '眀'도 틀린 글자는 아니며, 서예 작품에서 작가의 미학적 의지에 따라 선택적으로 쓰이는 것이어서 별다른 의미가 부여된 것은 아니다.

준명당 현판은 필체가 단아하고 간명하여 서예를 잘 모르는 필자도 좋아하는 작품이다. 하지만 작가가 의정부 찬정 박제순이란 걸 알면 마음이 좀 불편해진다. 박제순은 을사조약뿐만 아니라 한일합방까지도 주도한 친일의 핵심인물이기 때문이다. 친일파 가족들은 대를 이어 호의호식(好衣好食)이 보장되었다. 그래서 이들은 기득권의 유지 및 강화를 위해 온가족이 보다 적극적으로 친일행위에 나서곤 하였다. 하지만 박제순의 손자 박승유는 이러한 굴절된 기득권을 과감하게 떨쳐버리고 할아버지의 친일에 대한 죄책감으로 고민하다 한국광복군에 입단하였다. 박승유는 을사오적의 후손 중에서 유일하게 독립운동에 투신한 인물이 되었다.

준명당 현판

준명당에서 준명(浚明)은 '다스리는 이치가 맑고 밝다'는 의미이다. 건물의 이름만으로도 준명당이 생활공간이 아닌 정치의 장소임을 알 수 있다. 준명당이 개명되기 전의 이름은 관명전(觀明殿)이었다. 관명(觀明)은 '맑고 밝은 이치를 살핀다'는 의미이다. 두 이름 모두 '국사를 맑고 밝게 처리하겠다'는 의지가 담긴 문구들이다. 현판의 내용처럼 이 건물은 즉조당과 함께 편전의 기능으로 사용되기도 하였지만 그 기간은 길지 않았다. 한일합방 이후에는 덕혜옹주의 유치원으로 개조되어 망국의 실상을 상징적으로 보여주기도 하였다.

경운궁의 전각들은 잦은 화재와 재건축 등으로 배치와 기능에 많은 변화를 겪어야만 했다. 준명당 역시 동일한 운명이었지만 전각에 대한 기록이나 도면 등이 남아 있지 않아 중간 과정을 파악하는데 한계가 있다. 준명당은 가장 위계가 높은 즉조당 옆에 자리한 것만으로도 상당히 중요한 건물이었음을 알 수 있다. 준명당은 10년도 안 되는 짧은 기간에 당호가 다섯 번이나 바뀌었으며, 당호마저도 기록에 따라 사용 기간이 겹치거나 명확치 않은 부분이 있어 혼선의 원인이 되기도 한다. 준명당의 기능 역시 당호만큼이나 다양한 변화과정을 거쳤다.

준명당

석조전과 준명당

준명당은 당호가 청목재 → 경운당 → 덕경당 → 관명전 → 준명당 등으로 바뀌면서 그 기능도 조금씩 바뀌어 갔다. 청목재와 경운당은 일부 시기가 겹치고, 다른 건물의 이름은 등장 시기가 명확치 않은 것도 있다. 이러한 모호성 때문에 준명당을 이해하고 파악하기가 쉽지 않다.

① 청목재(淸穆齋)

준명당 영역은 원래 제례공간으로 쓰던 곳이었다. 청목재는 고종의 아관파천 이후, 가장 먼저 완공된 건물 중 하나이다. 고종은 경운궁에 환궁하기 전부터 이곳에 들러 신정왕후와 명성황후의 제사에 필요한 축문을 짓는 등 제례업무를 시작하였다. 청목재에 대한 기록은 중화전과 관명전이 완공되는 시점을 전후하여 발견되지 않으며, 중화전의 완공으로 정전이 옮겨가면서 이곳 즉조당과 준명당의 기능도 크게 바뀌었다. 준명당의 기원이 되는 청목재는 경운당·덕경당과 시기적으로 겹칠 뿐만 아니라 기능적으로도 유사성이 많아 이들이 각각 별도의 건물이거나 부속건물이었을 가능성도 있다.

문헌에 의하면 청목재의 기능은 기신제·망곡례·친압 등 제사와 관련된 기능이 대부분이었다. 기신제와 망곡례는 제사의식을 의미하고, 친압(親押)은 제사에 쓰일 축문이나 제문 등을 왕이 직접 확인하는 행위를 말한다. 그런데 조금은 생소한 이러한 의식들이 조선왕조에서는 주로 정전이나 편전에서 이루어졌던 걸 돌이켜 보면 청목재 건물의 위상을 미루어 짐작할 수 있다.

청목재에서 거행되었던 의식들은 고종의 법적 부모인 문조와 신정왕후 그리고 명성황후를 위한 제사기능이 대부분이었다. 청목재는 경운당과 덕경당과는 위치와 기능이 달랐지만, 1900년 화재로 선원전이 소실되고 경운당이 건축된 이후에는 그 기능을 공유했던 것으로 보인다.

② 경운당(慶運堂)

1900년 선원전에 화재가 발생한 이후, 경운당에는 태조의 어진을 모시고, 중화전에는 열성조의 어진을 모셨다. 태조의 어진은 선원전에 모시기도 하였지만 정전이나 편전 또는 그에 버금가는 전각에 모시는 것이 관례였다. 그만큼 경운당은 태조의 어진을 봉안할 만큼 위계가 높고 신성한 공간이었던 것이다.

태조 어진. 출처 : 문화재청

영조 어진. 출처:국립고궁박물관

2개월 후에는 새로 완공한 선원전으로 태조의 어진을 이안하고, 경운당에서는 명헌태후의 71세 생일을 축하 진찬연을 거행하였다. 경운당이란 당호는 불과 4개월 동안만 사용된 것으로 보인다. 즉 태조의 어진 봉안부터 명헌태후의 진찬 때까지만 사용된 것이다.

그 이유를 당호에서 찾아볼 수 있지 않을까. 경운당(慶運堂)은 경운궁(慶運宮)과 묘하게 이름이 동일하다. 여기서 '경운(慶運)'이란 '나라의 운을 기린다.'는 의미이다. 따라서 조선을 개창한 태조의 어진과 궁호를 통해 서양 열강들에 의해 어려워진 현실 속에서 대한제국이 번영과 영광으로 거듭나기를 기원했는지도 모르겠다.

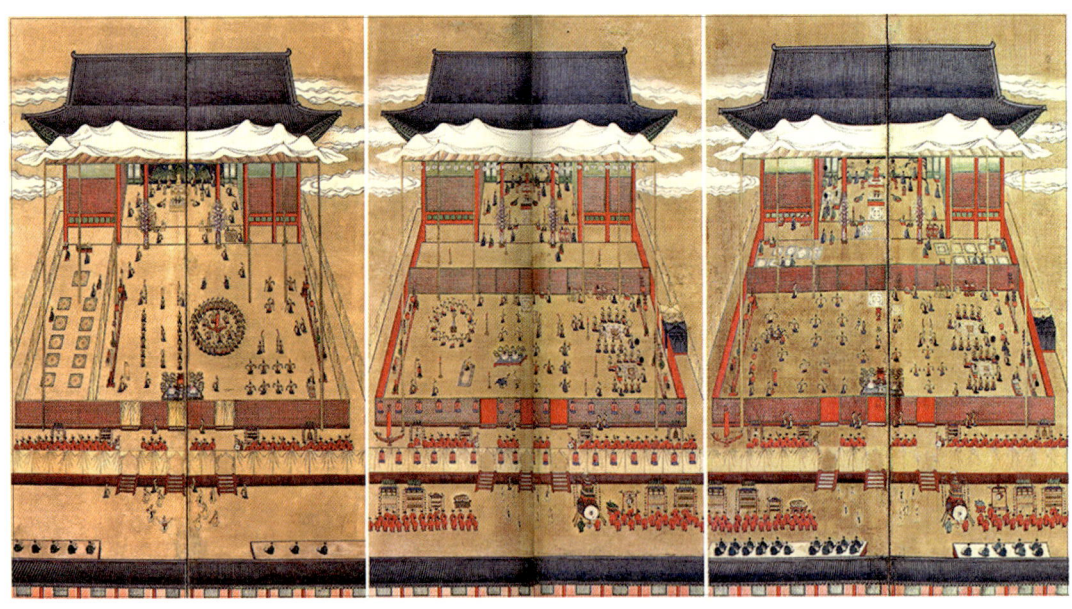

명헌태후고희축하진찬도병. 출처 : 국립고궁박물관

③ 덕경당(德慶堂)

4개월 동안 사용되었던 경운당은 1901년 7월 이후 기록이 사라지고, 이듬해에 덕경당이란 이름으로 다시 등장한다. 덕경당 역시 경운당과 마찬가지로 5개월여의 한정된 기간 동안만 사용되었다. 이 짧은 기간에 덕경당에서는 황제와 명헌태후에 대한 책보(冊寶)[8] 진상과 기로소 신하와의 만남 등 의례와 연회 등이 베풀어졌다. 덕경당은 중화전이 완공될 때 새로운 건물로 재건되었는데, 그때 당호도 관명전으로 바뀌었다.

명헌태후 옥보. 출처 : 국립고궁박물관

기로소(耆老所)는 연로한 고위 문신들을 예우하기 위해 설치한 관서로서 경로당과 같은 친목기구의 성격을 갖는다. 기로소는 원칙적으로 문과 출신의 정2품 이상 전현직 관리로 70세 이상인 사람만이 들어갈 수 있었으며, 인원의 제한은 없었다. 기로소 신하에게는 노비와 토지를 지급하고, 봄과 가을에 연회도 베풀어 주었다. 그래서 관리들은 기로소에 들어가는 것을 큰 영광으로 여겼다.

임금으로 기로소에 들어간 경우는 태조(60세)·숙종(59세)·영조(51세) 등 세 차례 있었다. 1902년 고종이 51세가 되자 완평군 이승응이 영조의 사례를 들어 고종에게도 기로소에

---

[8] 황제나 황후의 존호를 올릴 때, 함께 올리던 옥책(玉冊)과 금보(金寶)를 이르는 말이나.

입소하기를 청하였다. 고종은 완평군의 요청을 받아들여 5월 4일 기로소에 입소하고, 며칠 뒤 기로소 신하들을 경운궁 덕경당으로 초청하여 성대하게 연회를 베풀어 주었다. 아래의 그림은 영조가 1744년(51세) 기로소에 입소한 것을 기념하여 거행된 연회장면을 묘사한 그림이다.

본소사연도(本所賜宴圖), 출처 : 국립중앙박물관

④ 관명전(觀明殿)

중화전과 함께 덕경당이 중건되자 고종은 당호를 관명전으로 바꾸었다. 두 건물의 완공을 기념하여 그 동안 미루어 왔던 각종 기념행사가 줄지어 행해졌다. 고종의 망육십세 및 즉위 40주년 기념행사 때, 중화전에서는 외진연(外進宴), 함녕전에서는 회작연(會酌宴)이 거행되었고, 관명전에서는 내진연(內進宴)이 거행되었다.

새롭게 중건된 관명전의 기능과 성격은 관명전 도면에 명확히 드러난다. 기존의 경운당과 즉조당은 건물주위 사면을 각각 담장과 행랑이 에워싸고 있었다. 이처럼 외부의 간섭을 받지 않는 독립적이고 폐쇄적인 건축배치는 태조의 어진을 봉안하거나 제례기능을 거행하는데 적합한 공간구조였다.

하지만 중건된 관명전과 즉조당은 구조와 공간배치에서 상당한 차이를 보인다. 두 건물 사이의 담장을 없애고, 관명전 건물의 규모를 상당히 크게 확장한 것이다. 관명전으로 중건하기 전까지는 이곳을 어진의 봉안과 제례의 기능으로 사용하였지만, 새롭게 중건하면서 왕이 정무를 보는 편전의 기능을 고려한 것이다.

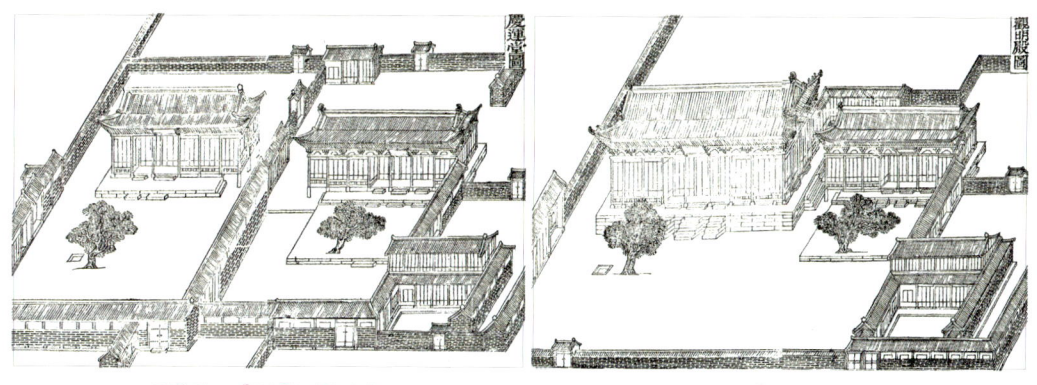

경운당도. 『(신축)진찬의궤』   관명전도. 『(임인)진연의궤』

이러한 구상은 선원전 공사가 완공되어 태조의 어진이 이안(移安)되었기 때문에 가능한 것이었다. 이제 경운궁은 번듯한 정전과 편전을 모두 갖춘 어엿한 정궁으로 거듭났다. 실제로 관명전에서 주청공사·보빙대사·산릉도감 당상 등 신하들과 정사를 나누는 공식 업무가 행해졌다. 경운궁 대화재가 발생하기 하루 전까지만 해도 고종이 보빙대사 이지용을 접견하는 등 편전으로 사용되고 있었으나, 안타깝게도 대화재로 모든 전각이 소실되고 말았다.

경운궁은 1902년 9월경 정전과 편전을 비롯하여 대부분의 전각이 완성되었다. 경운궁은 이때로부터 대화재가 발생한 1904년 4월까지 약 1년 7개월 동안을 가장 완전한 형태를 갖춘 기간이었다고 할 수 있다. 대화재 이후에는 고종이 경운궁 밖 중명전에 머물렀으며, 러일전쟁과 을사조약에 이어 강제 퇴위까지 당하면서 경운궁은 더 이상 제대로 된 모습을 갖출 수 없었다.

⑤ 준명당(浚明堂)

준명당은 1904년 대화재 이후 새롭게 붙여진 이름이다. 창건 당시만 해도 가장 먼저 완공되어 궁궐의 중요한 기능을 담당하였으나, 중건과정에서 규모가 대폭 축소되었다. 고종의 지시에 따른 것이다. 대화재 때 중명전으로 떠난 고종은 한일합방 때까지도 경운궁으로 돌아오지 않았다. 따라서 재건된 전각들 역시 정상적일 수 없었다.

청목재	경운당	덕경당	관명전	준명당
▷ 처음완공 ▷ 축문제작	▷ 어진봉안 ▷ 생일잔치	▷ 존호가상 ▷ 전직신하	▷ 연회장소 ▷ 신하접견	▷ 태자빈간택 ▷ 옹주유치원

러일전쟁을 승리로 이끈 이토 히로부미는 을사조약을 강제로 체결하고 초대통감으로 부임하였다. 대한제국의 정권을 어느 정도 장악했다고 판단한 이토 히로부미는 이제 혼인정책에 의한 황실가족의 붕괴를 꾀하였다. 이를 눈치 챈 고종은 황실의 혈통을 지키기 위해 영친왕의 혼인을 서둘렀다. 이때 간택 장소로 활용된 곳이 준명당이다. 1907년 3월 준명당에서 명성황후의 일족인 민영돈의 딸 민갑완(閔甲完)을 배우자로 간택하였다. 만약 이 혼인이 성사되었다면 남연군·흥선대원군·고종·순종에 이어 영친왕까지 5대의 부인이

모두 여흥민씨가 되는 진기록이 탄생할 수도 있었다.

일본 황태자 한국 방문 기념엽서. 출처 : 국립고궁박물관

그런데 일본에서는 순종의 황제 즉위를 축하한다는 명분으로 요시히토 황태자를 직접 한국에 보내 영친왕의 일본 유학을 강력히 권고하여 이를 성사시켰다. 이에 따라 영친왕은 순종이 즉위한 지 50일 만에 일본으로 떠나게 되어, 민갑완과의 혼인문제는 자동적으로 파기되었다. 참으로 기막힌 고도의 전략이라 할 수 있겠다. 일본으로 건너간 영친왕은 고종이 승하한 이듬해, 일본에서 이방자 여사와 혼인하였다.

영친왕 부부. 출처 : 국립고궁박물관　　　　　　　　　이방자 여사. 출처 : 국립고궁박물관

　　1910년 창덕궁 흥복헌(興福軒)에서 한일합방이 이루어질 당시, 고종은 중명전에 있었다. 이후에도 여전히 중명전에 머물 것 같던 고종이 1912년 10월 갑자기 경운궁으로 환궁하였다. 얼마 전 귀인양씨가 늦둥이 옹주를 낳기 때문이다. 딸을 보기위해 경운궁을 왕래하던 고종이 결국 딸 때문에 환궁을 결심한 것이다. 옹주를 중명전으로 불러올 수도 있었지만, 널찍한 경운궁이 오히려 딸에게 좋겠다고 판단한 것이다.

　　1916년 덕혜옹주가 5세가 되자 고종은 딸을 위해 유치원을 마련해 주었다. 대한제국 시절 신하들과 정사를 나누던 준명당을 유치원으로 개조한 것이다. 백발이 성성해진 고종은 이제 딸이 유치원을 오가며 무럭무럭 자라는 것을 낙으로 삼아 하루하루를 보냈다. 행여 덕혜옹주가 준명당 기단에서 떨어질까 염려하여 기단의 가장자리에 난간까지 설치해 주었다. 난간의 흔적이 지금도 장대석에 고스란히 남아있어 그날의 애틋했던 마음을 전해주고 있다.

4. 건물 둘러보기   89

귀인양씨. 출처 : 국립고궁박물관

덕혜옹주. 출처 : 국립고궁박물관

준명당

준명당 난간흔적

◆◆ 친왕(親王)

중국에서는 황제의 아들이나 직계 자손에게 왕(王)의 작위를 주었는데, 특히 가까운 왕족을 다른 왕과 구분하여 친왕이라 하였다. 친왕이라는 표현은 당나라에서 만든 것이다. 일반적으로 친왕의 경우는 다른 왕과 다르게 봉토를 수여하는 일이 거의 없었고, 대신 봉급이나 연금을 받으면서 수도에서 생활하였다.

우리나라에서는 고려시대에 친왕(親王)이라는 표현이 일부 있었으나, 공식적으로는 대한제국 때 도입하였다. 대한제국에서 친왕에 책봉된 인물은 고종의 왕자 3명과 고종의 형 1명 등 4명이 있다. '친왕'과 '왕'의 호칭은 혼용하여 사용하였으며, 친왕의 부인은 '왕비' 또는 '친왕비'라고 불렀다. 따라서 영친왕의 경우, 부인은 '영왕비' 또는 '영친왕비'가 되는 것이다.

1900년 8월 17일. 고종의 2남 이강과 3남 이은을 각각 의왕(義王)과 영왕(英王)으로 책봉하였다.
1907년 10월 1일. 고종의 서자 이선을 완왕(完王)으로 추봉하였다.
1910년 8월 15일. 고종의 형 이재면을 흥왕(興王)으로 책봉하였다.

(4) 석어당

석어당(昔御堂)과 즉조당은 선조가 침전으로 사용했던 건물이다. 그래서 인조가 즉위한 뒤 경운궁의 모든 건물을 원래의 주인에게 돌려주면서도 이 두 건물만은 제외하였다. 그만큼 상징성이 있었기 때문이다. 광해군 재위 때는 인목대비가 정명공주와 함께 이곳에서 5년 동안 불안과 울분을 삭이며 눈물로 지새야만 했다. 인목대비에게는 천만다행으로 인조반정이 성공하여, 이곳 석어당 앞에서 광해군을 문초하고 그 죄를 추궁하기도 하였다. 그리고 인조는 석어당 안에 모셔져 있는 선조의 신위에 예를 갖추고, 즉조당에 나아가 즉위식을 거행하였다. 석어당 당호(堂號)는 훗날 영조가 '옛날에 임금이 거처하신 곳'이라는 의미로 명명한 것이다.

석어당

석어당

그래서 후대의 왕들에게 석어당과 즉조당에 대한 의미는 각별하였다. 하지만 석어당은 상징성에 비해 건물자체의 의미는 그다지 크지 않은 편이다. 실록에 의하면 석어당은 고종 때 이미 존재하지 않아, 복원된 석어당의 형태와 규모가 어디에 근거하는지도 확실하지 않기 때문이다. 고종은 석어당의 상징성을 감안하여 경운궁을 중건하면서 석어당도 건축하였지만, 이마저도 1904년 대화재 때 소실되었다. 현전하는 석어당은 1905년 즉조당과 함께 새롭게 재건된 것이다.

궁궐에서는 현판을 보는 재미가 쏠쏠하다. 모두가 당대 제일의 명필들 솜씨이기 때문이다. 석어당에는 다른 전각과 달리 현판이 두 개나 걸려있다. 이층 처마에 있는 것은 탁지부 대신 김성근의 글씨이고, 1층에 있는 것은 고종의 어필이다. 김성근은 서재필의 외삼촌으로서 당대를 대표하는 서예가로 명성이 높았다. 특히 김성근은 송나라 문인 미불[9]의 글씨체인 미남궁체(米南宮體)에 능했으며, 전국 유명사찰의 수많은 현판과 편액이 그의 손에서 나왔다.[10] 하지만 일제에 협력한 공로로 한일합방 후에는 일본 정부로부터 자작(子爵) 작위를 받았다. 국가와 민족을 배반하고 일제에 협력한 보답이었던 것이다.

김성근 글씨

고종 어필

---

9) 미불(1051~1107) 중국 북송의 서예가·화가. 자는 원장(元章). 호는 남궁(南宮) 시·서·화 모두에 조예가 깊었다. 글씨는 채양·소동파·황정견 등과 더불어 송4대가로 불리며, 왕희지의 서풍을 이었다. 그림은 강남의 아름다운 자연을 묘사하기 위해 미점법(米點法)이라는 독자적인 점묘법(點描法)을 창시하였으며, 명나라의 오파(吳派)에게 영향을 주었다. 미불의 글씨체인 미남궁체(米南宮體)는 윤순·김가진·김성근 등이 능숙하게 구사하였다.

10) 부산 범어사 '禪刹大本山 金井山梵魚寺', 대구 동화사 '靈山殿', 해남 대흥사 '白雪堂', 울진 불영사 '極樂殿', 의성 고운사 '延壽殿', 순천 송광사 '海淸堂', 영암 도갑사 '洗塵堂', 고성 옥천사 '玉泉閣' 등의 현판이 그의 작품이다.

석어당 기둥에는 임금의 장수를 기원하는 두 개의 주련이 걸려있다.

海屋籌添壽八百   해옥(海屋)에 산가지 더하니 수명은 팔백 세요,
瑤池桃熟歲三千   요지(瑤池)에 복숭아 익으니 나이는 삼천 년일세.[11]

해옥주첨(海屋籌添)은 장수를 상징하는 고사에서 유래한 말인데, 해옥은 선학(仙鶴)이 매년 한 개씩 물고 온 대오리로 지었다는 전설이 있다. 서왕모는 곤륜산에 살고 있는 최고의 여신으로 만물을 소생하게 하는 능력을 지녔다는 전설상의 인물이며, 요지(瑤池)는 곤륜산(崑崙山) 꼭대기에 있는 아름다운 연못 이름이다. 서왕모의 거처에는 반도(蟠桃, 삼천 년에 한 번씩 열린다는 복숭아)나무가 자라는 과수원이 있어서 그 열매가 열리는 시기가 되면 신선들을 초대하여 성대한 연회를 베풀었다고 한다. 이 연회를 주제로 그린 그림이 요지연도(瑤池宴圖)이다. 조선시대 궁궐에서는 요지연도를 비롯하여 곽분양행락도·십장생도·백자도(百子圖) 등을 장식하여 장수와 다남(多男)을 기원하였다.

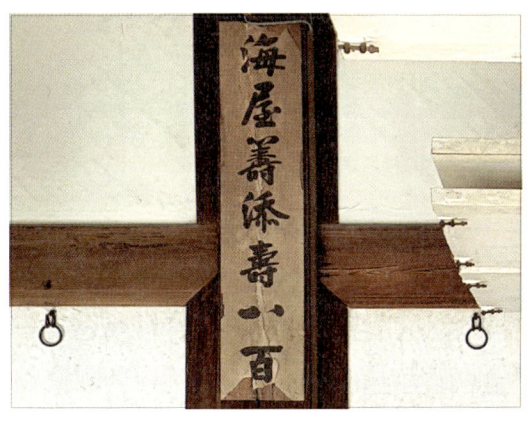

석어당 주련

요지연도, 출처 : 경기도박물관

---

11) 이광호, 『궁궐의 현판과 주련 3』, 수류산방, 2012, p.46.

준명당·즉조당·석어당은 각각 사면이 행각과 담장으로 둘러싸인 독립된 공간을 이루고 있었다. 흔히 우리 한옥의 특징을 온돌과 마루를 갖춘 건물이라고 한다. 여기에 담장으로 구획된 적당한 형태의 내부영역이 확보되면, 한옥이 더욱 한옥다워진다. 담장으로 구획되는 내부공간은 공간의 활용도를 높이고 심리적 안정감을 갖는데도 이롭다. 따라서 궁궐의 각 전각들도 담장이 있는 주위 환경을 머릿속에 그리면서 살펴볼 필요가 있다. 특히 경운궁에는 남아있는 담장이 거의 없기 때문에 그러한 자세가 더욱 필요하다.

준명당과 즉조당과 석어당 중에서 규모가 가장 큰 건물은 단연 2층 규모의 석어당이다. 그런데 아래의 도면에서는 석어당을 매우 작게 표현하였다. 그 이유는 이 도면이 경운당과 즉조당을 설명하기 위한 것이어서, 지면의 한계를 감안하여 석어당을 의도적으로 작게 표현했기 때문이다.

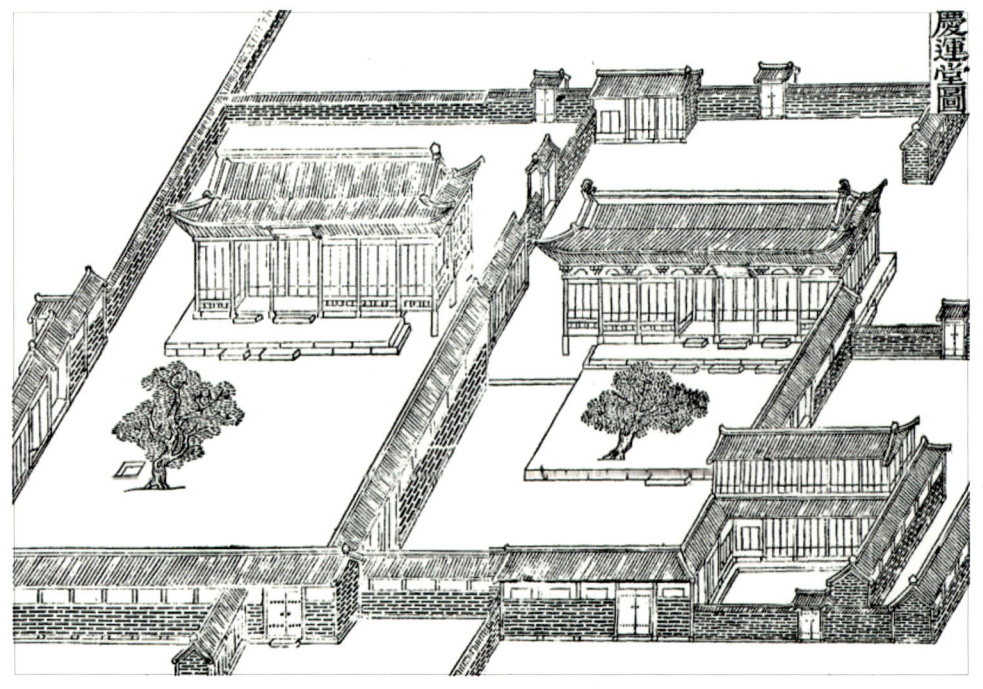

경운당(준명당)·즉조당·석어당. 경운당도. 『진찬의궤』 1901년

여흥부대부인은 흥선대원군의 남편이자 고종의 어머니이다. 세상에서 누구도 부럽지 않을 위치에 있었지만, 그녀의 삶이 행복하지만은 않았다. 끝없이 전개되는 집안 내부의 권력투쟁으로 수많은 일가친척이 희생되었기 때문이다. 흥선대원군은 권력 때문에 빈번하게 아들 고종과 마찰을 빚었고, 며느리를 제거하는데도 적극적이었다. 결국 고종은 아버지에 대한 가택연금으로 맞섰으며, 끝내 흥선대원군과 화해하지 못했다. 한 달의 차이를 두고 양친이 모두 세상을 떠났지만, 고종은 아무도 찾지 않았다. 이듬해 첫 기일에도 고종은 운현궁을 찾지 않고 이곳 석어당에서 망곡례(望哭禮)를 드리는 것으로 대신하였다.

석어당 측면

석어당 배면

석어당은 건물의 규모와 형태가 강화도에 있는 성공회 강화성당과 유사하다. 성공회 강화성당은 1900년 초대 주교인 찰스 존 코프(Bishop Charles John Corfe)가 건립한 것인데, 우리나라의 문화를 존중하여 궁궐건축을 담당한 장인을 통해 한국의 전통방식으로 지은 것이라고 한다. 우리나라에 이러한 형태의 건물이 거의 남아 있지 않은 것으로 보아 성공회 성당은 석어당의 구조와 디자인을 참고한 것으로 보인다.

대한성공회 강화성당

강화성당 내부

(5) 중화전

중화전

중화전 내부

경운궁의 정전은 중화전이다. 정전은 임금이 공식적인 행사나 의식을 주관하는 공간이자, 궁궐을 대표하는 상징적인 건물이다. 고종은 아관파천이 성공하자 곧바로 경운궁의 중창을 지시하여 정동에 정착할 것임을 천명하였다. 하지만 짧은 기간에 필요한 전각을 모두 갖출 수는 없었다. 그래서 이듬해 환궁할 때는 당장 필요한 건물 위주로 완공하였으며, 가장 중요한 정전도 당분간 기존의 즉조당을 활용키로 하였다. 나머지 건물들은 환궁한 뒤에 하나씩 채워나가기로 한 것이다.

궁궐의 정전과 편전은 전호(殿號)의 중간에 정치(政治)를 의미하는 '정(政)'자를 사용하여 전각의 성격을 선명하게 드러냈다. 하지만 중화전은 이러한 원칙을 따르지 않았다. 중화(中和)는 유교경전 『중용』에서 전하는 것으로 '한쪽으로 치우치지 않는 바른 성정'을 의미한다. 중화전은 이미 중국의 자금성에도 존재하는 건물이다. 대한제국은 중국의 영향권에서 벗어난 자주독립국임을 선포하면서 탄생한 국가이다. 그런데 하필 경운궁에서 가장 중요한 전각의 이름을 중국에서 사용하고 있는 전호(殿號) 중에서 선택하였는지 의아스럽다. 게다가 중국의 중화전은 정전도 아니고 황제가 주요행사에 참석하기 전 잠시 휴식을 취하는 부속건물에 불과하다.

자금성 중화전   중화전 내부

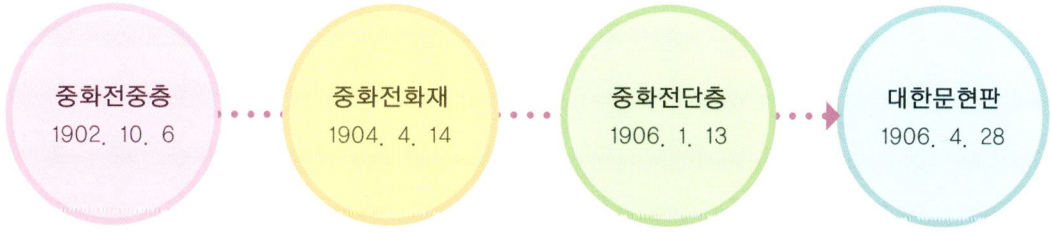

① 화재 이전의 중화전(중층)

중화전은 대한제국의 위상 제고와 황권 강화라는 염원을 가지고 새롭게 창건되었다. 규모도 창덕궁 인정전만큼이나 웅장하여 경운궁 전체 분위기를 압도하였다. 이제 경운궁은 다른 궁궐에 비견할 수 있을 만큼 구색도 갖추어졌다. 이에 맞추어 신축된 중화전에서 각종 행사가 줄을 이었다. 고종과 명헌태후에 대한 생일잔치에 이어 영친왕의 쾌유를 기념하는 연회까지도 성대하게 거행되었다.

중화전. 출처 : 국립고궁박물관

창덕궁 인정전

국가의 위상을 높이고 황제의 권력 강화를 위한 고종의 노력은 1902년에 이르러 절정에 달했다. 이 해는 고종이 망육십이 되는 해이자, 즉위 40주년이 되는 해이다. 고종은 이때에 맞추어 대한제국의 발전상을 대내외에 대대적으로 과시하고자 하였다. 그래서 경운궁의 정전을 창덕궁의 인정전과 유사한 규모로 창건하고, 환구단엔 석고(石鼓)를 갖추었으며 사람들의 통행이 빈번한 광화문 사거리에 칭경기념비(稱慶紀念碑)를 세워 그 의미를 더욱 새롭게 하였다.

칭경기념비전

칭경기념비

고종은 합리적인 개혁으로 재정적 내실을 다지기보다 백성들의 희생만을 강요하여 공사가 순조롭게 진행되지 못했다. 이때 추진되었던 환구단의 석고, 평양의 풍경궁(豊慶宮), 광화문의 칭경기념비[12], 환구단의 석조전 공사는 어느 것 하나 정상적으로 진행되는 것이 없었다. 오히려 공사 강행을 위한 과도한 세금과 무리한 모금으로 민원이 빗발치고 공사가 중단되기 일쑤였다.

환구단 석고

석고(石鼓)

---

12) 이 비석은 大韓帝國大皇帝寶齡望六旬御極四十年稱慶紀念碑라는 긴 이름을 가지고 있는데, 줄여서 '고종 즉위 40년 칭경기념비'라고 부른다.

1901년에는 극심한 흉년이 들어 사상 최초로 안남미를 수입할 정도였으며, 1902년에도 봄에는 가뭄으로, 가을에는 홍수로 백성들의 삶은 더욱 피폐해져 갔다. 기념행사를 앞두고는 콜레라 전염병이 전국으로 확산되어 행사를 두 차례나 연기하였는데, 이듬해 행사를 앞두고 영친왕이 천연두를 앓게 되면서 행사가 무기한 연기되었다. 그 사이 일본과 러시아 사이에 전운이 발전하여 러일전쟁이 발발하였으며, 두 달 후에는 경운궁에 대화재가 발생하였다. 겨우 구색을 갖추어 가던 경운궁이 화재로 다시 사라져 버린 것이다.

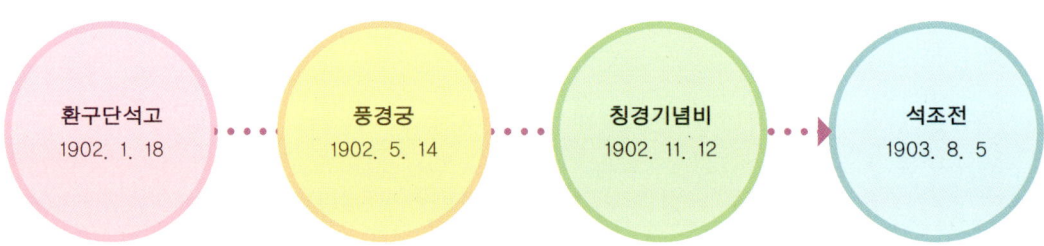

더구나 이때는 러일전쟁에서 승기를 잡은 이토 히로부미의 정치적 압박이 심해 대한제국은 일대 혼란에 빠져있었다. 이 혼란의 와중에 한국 정부는 일본인 재정고문을 둘 것과, 각종 외교현안을 사전에 일본정부와 협의한다는 굴욕적인 조건을 강요받았다. 그래서 경운궁 대화재가 한국정부에 혼란을 가중시켜 일본의 요구조건을 성취시키기 위한 일제의 소행이라는 의심이 꾸준히 제기되었다.

고종은 즉시 경운궁의 중건을 지시하였지만, 가뭄과 홍수 등 천재지변으로 국가의 재정과 백성의 삶은 파탄지경이었다. 게다가 러일전쟁이 끝나지 않은 터여서 한빈도 역시 전쟁의 소용돌이에서 자유롭지 않았다. 그래서 중화전의 규모도 1층으로 축소할 수밖에 없었으며, 다른 건물들 역시 규모와 기능에서 변화가 불가피하였다. 공사를 시작한지 2년 뒤, 경운궁의 중창이 어느 정도 마무리되자, 정문도 대안문(大安門)에서 대한문(大漢門)으로 바꾸었다.

4. 건물 둘러보기

이토 히로부미 사진엽서. 출처 : 국립고궁박물관

중화전

중화전

② 화재 이후의 중화전(단층)

경운궁 재건공사는 놀라울 정도로 빠르게 진행되었다. 고종의 의중이 확고했기 때문이다. 주위에서는 경복궁이나 창덕궁 등 당장 사용할 수 있는 궁궐로 옮겨 가자는 의견도 있었지만 고종은 경운궁으로의 환궁을 고집하였다. 아마도 각국 공사관이 경운궁 주위를 에워싸고 있는 것이 큰 영향을 미쳤을 것으로 보인다.

중화전 중건은 곧바로 재개하여 2년 만에 완공하였다. 고종은 여전히 중층의 웅장한 건물을 원했으나 일본의 거부로 단층으로 결정되었다고 한다. 한일협약(1904년)과 을사조약(1905년)을 거치면서 고종의 실권이 많은 제약을 받게 된 것이다.

중화전. 출처 : 국립고궁박물관　　　　　　　　　　중화전

순종의 정비 순명황후는 중화전이 소실된 지 얼마지 않아, 중명전 서편 강태실(康泰室)에서 33세로 승하하였다. 그런데 중화전을 중건하고 치러진 가장 큰 행사가 순종의 계비 순정황후와의 혼인 행사였다. 묘한 인연이다. 혼인 이후 헤이그 특사사건으로 정국은 급변하여 고종이 강제로 퇴위 당하는 상황이 되었다. 고종의 지시로 중화전에서 순종의 대리청정 의식이 거행되었는데, 이 행사가 중화전에서 치러진 마지막 행사가 되었다. 그런

데 이 행사는 우리의 자발적 행사가 아니어서 고종과 순종이 모두 참석하지 않아 요식행위에 불과한 것이었다.

순명황후. 출처 : 국립고궁박물관

순정황후. 출처 : 국립고궁박물관

　순종이 황제 즉위식을 마치고 창덕궁으로 떠나자 경운궁은 다시 텅 비게 되었다. 고종이 여전히 중명전에 거처하고 있었기 때문이다. 5년 후 덕혜옹주가 태어나자 고종은 경운궁으로 환궁하면서 침전인 함녕전 일대를 새롭게 정비하였다. 명성황후의 혼전이 있던 경효전 터에는 접견실인 덕홍전을 만들었다. 그리고 휴식과 연회의 공간으로 활용키 위해 정관헌에 모셔져 있던 어진을 중화전으로 옮겼다. 사신 접대나 조회 등 국가의 공식행사를 거행하는 정전이 이젠 어진을 봉안하는 부속건물로 전락해 버린 것이다.

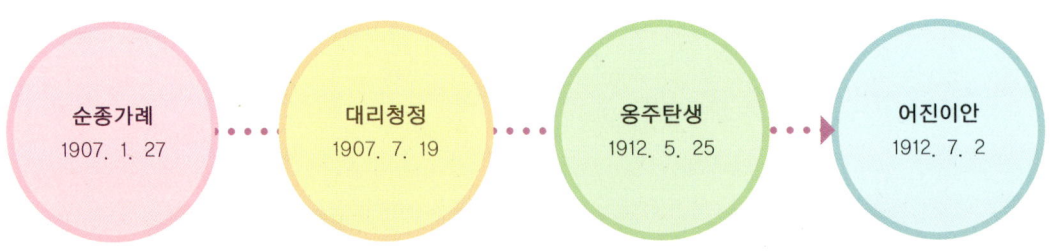

중화전 주위에는 행각을 배치하여 전각의 품위와 위계를 나타내었으며, 정전에서 필요한 사무와 물품을 조달하기도 하였다. 1907년 고종이 퇴위한 뒤로는 일제가 주도적으로 석조전 공사를 진행하면서 정원의 공간 확보를 위해 중화전 동측 행각을 철거하였다. 정전의 훼손은 대한제국 말기의 허약한 현주소를 적나라하게 보여주는 상징적 사건이 되었다. 고종의 퇴위와 함께 경운궁도 수명을 다한 것이다. 그리고 1933년 덕수궁의 공원화 과정을 거치면서 나머지 행각들도 모두 해체되었다. 지금은 마당의 남동쪽 모서리에 행각의 일부가 남아 이곳에 행각이 있었음을 보여주고 있을 뿐이다.

창덕궁 인정전 행각

경운궁 숭화전 행각

이렇게 끔찍하게 파괴된 모습을 보기 싫었던지 고종은 중명전에 머무르면서 좀처럼 경운궁을 찾지 않았다. 이듬해 순종과 영친왕마저 창덕궁으로 거처를 옮기고 나니 경운궁은 적막이 감도는 텅 빈 대궐로 변했다. 전각의 모든 기능이 상실된 뒤에야 경운궁은 덕수궁이란 이름으로 불리게 되었다. 아이러니하게도 덕수궁은 매국노 이완용의 사촌형 이윤용이 붙여준 이름이다.

③ 중화문(中和門)

중화문은 1902년 중화전과 함께 창건되었으나 1904년의 대화재 때 소실되었다가 1906년에 다시 중건되었다. 이때는 을사조약의 체결로 이토 히로부미(伊藤博文)가 초대통감으로 부임하고, 이듬해 헤이그 특사사건을 빌미로 고종이 강제 퇴위하는 때여서 중화문이 정상적인 문의 기능을 할 여유도 없었다. 자료에도 순종이 경운궁에서 즉위한 후, 창덕궁으로 거처를 옮길 때까지 3개월 동안 경운궁에 머물면서 종묘와 명성황후 홍릉에 참배하러 오가며 중화문을 이용했다는 기록이 전할뿐이다.

중화문

中和門

나라가 기울기 시작하니 배반자가 속출하였다. 경운궁 곳곳에 친일파의 흔적이 배어있다. 중화전과 중화문 역시 예외가 아니다. 중화전의 상량문(박기양)과 현판(김성근) 그리고 중화문의 상량문(이완용)과 현판(조동희)이 모두 친일파들에 의해 제작되었다. 조동희는 형(조영희)이 매국노 이완용의 매부이고, 탐관오리 조병갑의 조카이다. 이제 고종의 곁에서는 친일파 아닌 사람을 찾기 힘들 정도가 되었다.

④ 황제의 상징

고종이 황제로 즉위하자 정전인 중화전도 황제의 위상에 맞게 개조되었다. 왕이 황제가 되면서 호칭이 전하에서 폐하가 되는 것 외에도 많은 변화가 수반되었다. 황제를 상징하는 색상이 노란색으로 바뀌고, 의장물들도 봉황에서 용으로 바뀌었다. 조선은 전통적으로 청색 창호를 사용하였으나 황제국 이후에 조성한 경운궁 중화전과 창덕궁 인정전은 창호를 노란색으로 바꾸었다. 노란색은 오행(五行) 상 만물의 중앙으로 황제를 상징하기 때문이다.

경희궁 숭정전

경운궁 중화전

사찰에서 불전(佛殿)의 부처가 있는 단을 불단이라 부르듯이, 궁궐에서는 정전에서 임금이 앉는 단을 어탑(御榻)이라고 한다. 그리고 일월오봉병과 용상 사이에 있는 나무로 만든 병풍이 곡병(曲屛)이다. 조선에서는 어탑을 녹색이나 밤색계열로 칠하고, 용상과 곡병 역시 밤색계열로 칠했다. 하지만, 대한제국은 어탑·용상·곡병 모두 황제를 상징하는 노란색으로 바꾸었다.

 숭정전 어탑
 중화전 어탑

예로부터 동양문화에서는 훌륭한 임금이 지극한 덕으로 세상을 다스려 태평성대가 실현되면 용이나 봉황이 출현하여 성군의 출현을 인정해 준다는 믿음이 있었다. 궁궐에서는 왕을 상징하는 곳에 용이나 봉황을 즐겨 장식하였는데, 그 중에서도 특히 정전의 천정이나 답도(踏道) 등 몇몇 곳은 황제만이 용을 장식할 수 있는 것으로 인식되었다. 그래서 조선에서는 정전의 천정 중앙을 줄곧 봉황으로 장식하였지만, 대한제국이 되면서 힘찬 황룡 두 마리로 교체하였다.

명정전 봉황. 출처 : 문화재청   중화전 용

중화전 앞에 있는 답도 역시 마찬가지다. 왕이 가마에서 내리지 않고 지나갈 수 있도록 계단 중앙에 설치한 판석을 답도(踏道)라고 하는데, 대한제국은 이 답도의 표면장식 역시 봉황에서 용으로 교체하였다. 이상이 현재 중화전에서 확인할 수 있는 대한제국의 흔적들이다. 대한제국 당시에는 중화전에 커튼이나 세부장식 등 황제를 상징하는 보다 많은 것들이 있었겠지만, 지금은 남아 있는 유물이 거의 없어 관심을 가지고 보지 않으면 다른 궁궐과의 차이를 거의 인식하지 못할 정도이다.

숭정전 답도

중화전 답도

⑤ 드므

드므는 '넓적하게 생긴 독'을 뜻하는 순우리말이다. 드므는 물을 담아 건물 주위에 배치하므로 일명 '방화수통'이라고도 한다. 지금도 경운궁을 비롯하여 경복궁·창덕궁·창경궁·경희궁·종묘 등 주요 전각의 월대 모서리나 계단 주위에 상당수가 옛 모습을 간직한 채 남아 있다. 드므에는 건물에 접근하는 화마(火魔)가 드므의 물에 반사된 자신의 험악한 모습을 보고 달아난다는 재미있는 설화가 깃들어 있다. 하지만 드므는 정전이나 침전 등 주요 전각 몇 군데에만 배치되어 있고, 크기도 작아 화재예방에 대한 실용적 기능보다 상징적 의미가 더 강하다.

중화전 드므 　　　　　　　　　　　　　드므의 만자문양

중화전의 드므는 여기에 두 가지 염원을 더 추가하였다. 동쪽에 있는 드므 표면에는 빙둘러 국태평만년(國太平萬年)을 양각으로 새겨 대한제국의 번영과 안녕을 기원하였으며, 서쪽의 것에는 희성수만세(囍聖壽萬歲)를 새겨 황제의 무병장수를 축원하였다. 그리고 아래에는 만복의 무한성과 장구성, 즉 길상만덕(吉祥萬德)의 상서로움을 상징하는 '만(卍)'자 문양을 세 개씩 중첩해 놓았다. 가히 드므에 부여된 임무가 천근만근은 됨직하다.

◆ 드므

국태평만년 國太平萬年	동쪽	나라가 태평하게 오래도록 지속되길 바란다.
희성수만세 囍聖壽萬歲	서쪽	임금이 오래도록 장수하심을 기뻐한다.

우리나라 궁궐들에는 다양한 형태의 드므가 배치되어 있다. 각각 미적 조형성까지 갖추고 있어 마치 야외 조형물을 방불케 한다. 특히 중화전 드므는 경복궁의 근정전 드므와 형태와 크기 그리고 표면의 장식내용까지 유사하여 동일한 시기의 작품임을 알 수 있다.

경복궁 드므

창덕궁 드므

창경궁 드므

경희궁 드므

(6) 함녕전

    경운궁의 침전은 함녕전(咸寧殿)이고, 경복궁의 침전은 강녕전(康寧殿)이다. 함녕(咸寧)은 '모두가 평안함'을 의미하고, 강녕(康寧)은 '편안하고 건강함'을 의미한다. 두 궁궐의 침전에 담긴 의미가 유사하게 닮아 있다. 함녕전 현판은 서계 박세당의 후손인 박기양의 글씨이

4. 건물 둘러보기 111

다. 박기양은 을사조약 체결에는 적극 반대하였으나, 한일합방을 앞두고 변절하여 일본 정부로부터 남작 작위를 받았다. 그리고 한일합방 이후에는 조선총독부 중추원 참의를 지냈으며, 글과 그림에 일가견이 있어 이완용과 함께 서화협회의 고문을 역임하였다.

殿寧咸   殿寧康

함녕전 현판   강녕전 현판

함녕전은 고종의 침전이었다. 침전은 통상 일반인의 발길이 많지 않은 궁궐 깊숙한 곳에 위치하여 구중심처(九重深處)를 대표한다. 하지만 경운궁은 궁궐영역이 넓지 않아 그러한 질서가 적용되지 않았다. 정문을 들어서면 가장 먼저 마주하게 되는 건물이 함녕전이다. 고종은 함녕전을 침전뿐만 아니라 편전 기능으로 넓게 활용하였다. 대화재 이전에는 이곳에서 외국공사를 접견하였으며, 각종 연회를 베풀고, 제사 관련 업무도 수행하였다.

① 한일합방 이전의 함녕전

1904년에 발생한 대화재는 경운궁의 역사에서 가장 뼈아픈 것이었다. 고종이 환궁한 이후, 7년 동안 조금씩 보완하여 이제 겨우 궁궐의 구색을 갖춘 시점에 대형화재가 발생했기 때문이다. 그런데 그 화재의 발화지가 바로 함녕전이었다.

함녕전

함녕전 지붕

화재가 발생하자 고종은 거처를 중명전으로 옮겼다. 을사조약·헤이그 특사사건·정미조약과 같은 굵직한 정치적 사건들이 바로 중명전에서 다루어졌고, 황제 퇴위도 이곳 중명전에서 맞이하였다. 함녕전은 곧바로 중건되었지만 고종은 한동안 경운궁을 찾지 않았다. 순종과 신하들이 모두 떠나버린 지금, 경운궁은 적막이 감돌뿐이었다.

중명전 복원 전. 출처 : 문화재청

중명전 복원 후

함녕전은 대화재를 전후하여 이토 히로부미와 두 번에 걸친 악연이 있었다. 첫 번째 만남은 러일전쟁 직후에 있었다. 전쟁이 발발하자 일본은 서울을 무단으로 점령하고 한반도를 군사기지화하는 한일의정서를 강제로 체결하였다. 그리고 1904년 3월 18일. 이토 히로부미가 함녕전을 직접 방문하여 고종에게 협약내용을 성실히 준수할 것을 약속받고 돌아갔다.

두 번째 만남은 기유각서 직전에 있었다. 기유각서는 한국의 사법권과 감옥사무 처리권 등을 일본정부에 위탁하는 각서를 말한다. 이 각서는 한국의 총리대신 이완용과 일본의 2대 통감 소네 아라스케(曾禰荒助) 사이에 맺어졌는데, 사전에 조약이 원만히 체결될 수 있도록 압력을 가하기 위해 방문한 것이었다. 그러나 이번 만남이 고종과 이토 히로부미의 마지막 만남이 되었다. 3개월 후, 이토 히로부미는 만주 하얼빈에서 안중근 의사에 의해 생을 마감했기 때문이다.

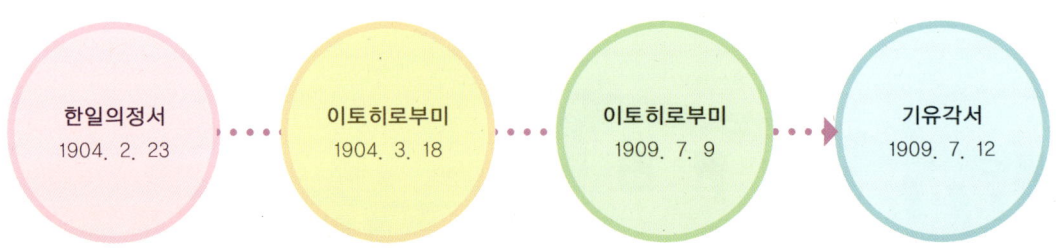

　이때 이토 히로부미가 방한한 명분은 한국통감의 퇴임인사였다. 1909년 6월 14일. 초대통감 이토 히로부미가 일본 천황의 자문기구인 추밀원 의장에 임명되면서 한국통감을 사임하고, 후임에 소네 아라스케(曾禰荒助)가 취임하였다. 이 두 사람은 한국과 일본 관리 1,800여명을 경복궁 경회루에 모아 놓고 성대하게 송별연(送別宴)을 베풀었다. 정치와 상관없는 행사를 통해 세간의 이목을 다른 곳으로 분산시킨 것이다. 연회를 베푼 다음날 이토 히로부미는 고종과 순종을 만나고 일본으로 돌아갔다. 그리고 그 다음날 이완용과 소네 아라스케의 주도 아래 기유각서가 체결되었다.

　1909년 7월 9일. 이토 히로부미(1대통감)·모리 오노리(궁내부대신 비서관)·소네 아라스케(2대 통감)·이완용(내각총리대신)은 고종이 베푼 전별연에 참석하였다. 이 연회에서 이들은 합작시를 지어 고종에게 바쳤는데, 그 내용이 충격적이다. 이완용은 한일합방이 거론되기도 전에 이미 나라를 일본에 넘길 생각을 하고 있었던 것이다. 이완용은 자신의 매국행위에 대한 지적이 있을 때마다 총리대신으로서 피할 수 없는 것이었다고 항변하였다. 하지만, 이 시에 담긴 내용은 그의 적극적인 친일행위를 단적으로 보여주고 있다. 이 시는 1935년 4월 함녕전 뒤뜰에 시비(詩碑)로 세워졌다가 광복 후에 철거되었다.

　　甘雨初來霑萬人 (이토 히로부미)　　단비가 내려와 만인을 적시니,
　　咸寧殿上霑華新 (모리 오노리)　　　함녕전 위의 이슬 빛이 새롭구나.
　　扶桑槿域何論態 (소네 아라스테)　　일본과 조선이 어찌 다르다 하리오,
　　兩地一家天下春 (이완용)　　　　　두 나라가 한 집을 이루니 천하가 봄이로다.

② 한일합방 이후의 함녕전

국가와 권력을 모두 빼앗긴 고종은 하루하루가 지옥이었다. 조상과 신하와 백성을 볼 면목도 없었다. 이러한 고종에게 희소식 하나가 날아왔다. 환갑의 나이에 옹주가 태어난 것이다. 모처럼 경운궁에 미약하나마 활기가 일었다. 이제야 고종은 거처를 함녕전으로 옮기고, 중단됐던 덕홍전 공사를 재개하여 접견실도 갖추었다. 하지만 이제 함녕전을 찾는 이는 종친이나 옛 신하들의 위로방문이 고작이었으니, 덕수궁은 궁궐이라기보다 대갓집 사랑방 모습 그대로였다.

함녕전 치중문(致中門)

함녕전

덕혜옹주가 태어난 때는 고종이 환갑을 맞이하는 해였다. 여느 때 같으면 황제의 회갑과 옹주의 탄생이 겹쳤으니 나라가 온통 축제분위기였을 터였다. 그런데 이때 돌발 상황이 발생하였다. 일본의 메이지 천황이 사망한 것이다. 일제는 국상이 발생했다며 한국에서 주관하는 일체의 연회를 금지시켰다. 어찌 일국의 황제였던 사람이 자기 나라에서 회갑잔치 하나 마음대로 거행하지 못한단 말인가. 고종은 다시 한 번 망국의 현실을 뼈저리게 체감할 수밖에 없었다.

고종. 출처 : 국립고궁박물관

덕혜옹주. 출처 : 국립고궁박물관

 1919년. 고종은 함녕전에서 한 많은 생을 마감하였다. 빈전과 혼전은 함녕전으로 정해졌고, 전호는 효덕(孝德)이라 하였다. 함녕전에 모셨던 고종의 신주는 이듬해 일년제를 지내자 창덕궁 선정전으로 옮겨갔다. 이때로부터 경운궁은 급격히 해체의 과정을 겪게 된다.

고종의 장례행렬

광명문 앞

③ 광명문

광명문은 함녕전의 정문이다. 광명문 역시 대화재 이후, 함녕전과 함께 중건되었다. 한일합방 이후 일제는 덕수궁을 일반에 공개한다는 방침을 세우고, 많은 건물을 매각하거나 이전하였다. 1933년에는 석조전을 미술관으로 개조하고 경운궁을 공원으로 단장하여 일반에 개방하였으며, 이듬해 겨울에는 궁궐 연못에 스케이트장도 갖추었다. 1938년에는 석조전 별관인 이왕직미술관을 완공하였다. 이 과정에서 광명문을 석조전 남쪽구석으로 이전하고, 광명문이 있던 곳은 잔디를 심어 시민들의 휴식공간으로 변모시켰다.

함녕전 앞의 광명문. 출처 국립고궁박물관

광명문이 철거된 뒤의 함녕전

일제시기에 덕수궁은 공원화 과정을 거치면서 대부분의 전각이 철거되었고, 그 빈자리는 정원과 연못과 잔디 등으로 채워졌다. 이러한 현상은 다른 궁궐도 마찬가지였지만,

공원으로 개조된 덕수궁과 창경궁이 유난히 심했다. 원래 궁궐은 임금을 중심으로 공적인 건물이 가득하여 나무가 들어설 여지조차 많지 않은 곳이다. 이제 와서 옛 모습을 그대로 재현하는 것도 있을 수 없는 일이겠지만, 그렇다고 빈터를 정원 꾸미듯 잔디와 나무로만 치장하는 것도 궁궐 본래의 취지는 아닌듯하다. 필요한 부분만이라도 건물을 복원한다든가, 요소요소에 모형이나 사진이나 영상자료 등을 비치하여 옛 모습을 효과적으로 체험할 수 있도록 유도하는 것도 하나의 대안이 될 수 있을 것이다.

덕수궁의 조경

창경궁의 조경

광명문

光明門

현재 광명문에는 자격루와 흥천사종과 신기전이 나란히 전시되어 있다. 처음 이곳을 찾는 이는 대부분 광명문이 문이라는 사실조차 인식하지 못한다. 마치 전시장처럼 꾸며 놓았기 때문이다. 그리고 광명문과 유물들이 서로 관련이 없다보니 의아한 반응을 보이기조차 한다. 차제에 문의 위치는 물론 유물의 전시 장소에 대한 현명한 방법이 도출되어야 할 것이다.

(7) 덕홍전

덕홍전은 함녕전 서쪽에 있는 전각으로, 창건 당시에는 경소전(景昭殿, 1896)이라 불렸다. 아관파천 이후에는 경복궁 문경전에 있는 열성 어진과 명성황후의 빈전을 경운궁 별전으로 모셔왔다. 그리고 경소전이 완공되자 명성황후의 위패를 이곳으로 옮겼다.

덕홍전

덕홍전

1897년 10월 12일. 고종은 환구단에서 제천의식을 거행하고 황제가 되었으며, 11월 22일에는 2년 반 동안이나 미뤄왔던 명성황후의 장례식을 성대하게 거행하였다. 장례식 후에는 당호를 경효전(景孝殿)으로 바꾸고 명성황후의 혼전(魂殿)으로 사용하였다. 고종은 매일같이 이곳을 찾아 비명횡사한 부인을 추모하며 명복을 빌었다. 경효전 역시 1904년의 대화재를 피하지 못하고 소실되었다가 1912년에 중건되었다.

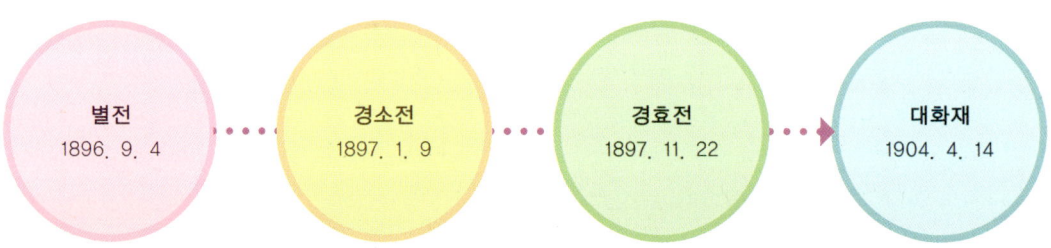

대화재 때 고종은 즉조당과 석조전을 시작으로 즉각적인 중건을 지시하였다. 이때 대부분의 전각이 재건되었지만 경효전만은 공사가 중단된 채 완공을 보지 못하였다. 고종이 중명전으로 거처를 옮기면서 명성황후 혼전도 옮겨갔기 때문이다. 하지만 1912년 늦둥이 딸 덕혜옹주를 얻고 거처를 다시 함녕전으로 옮기면서 보조 전각의 필요성이 제기되었다. 그래서 중단 중이던 경효전 공사도 재개하여 곧 완공하였으며, 이때 당호를 덕홍전(德弘殿)으로 바꾸었다. 덕홍전은 경운궁에서 가장 나중에 완공된 건물이 되었다.

새로 건립된 덕홍전은 경효전과는 기능이 완전히 다른 건물로 활용되었다. 화재 발생 전에 있었던 경효전은 줄곧 명성황후의 제사와 추모를 위한 혼전으로 사용되었지만, 화재 이후에는 함녕전에 기거하면서 찾아오는 손님을 맞이하는 접견실로 바뀌었다. 그리고 한일합방 이후에는 옛 대신이나 일본 고위 관리들의 이취임 인사를 받는 등 양반집의 사랑방과 같은 기능으로 활용되었다.

(8) 정관헌

함녕전 뒤, 언덕 위에는 소나무 숲을 배경으로 독특하게 생긴 양관(洋館) 하나가 눈길을 사로잡는다. 건물의 양식과 디자인은 서양건축이 분명한데, 지붕이나 세부장식은 전통의 기법과 문양을 따르고 있기 때문이다. 게다가 정관헌이란 이름도 보통의 것과 다르다. 정관헌(靜觀軒)은 '고요히 바라보며 머무는 집'이라는 의미이다. 동양건축에서 당호의 끝글자는 통상 건물의 기능이나 성격을 나타낸다. 헌(軒)은 학문에 매진하는 학자나 문인들이 즐겨 사용하는 것으로, 궁궐에서는 좀처럼 사용하지 않는 이름이다. 이와 같은 독특한 파격과 질서가 정관헌을 더욱 돋보이게 한다.

① 건축 이야기

정관헌은 1910년경 돈덕전·중명전 등과 함께 러시아 건축가 사바틴에 의해 건축되었다. 양식적으로는 다른 양관들과 마찬가지로 외벽 주위에 베란다와 열주를 갖추고 있어 콜로니얼 양식(colonial style)으로 분류된다. 콜로니얼 양식은 서구 열강들이 남부아시아 일대를 식민지로 삼고 있을 때, 더위에 대처하기 위해 고안한 건축양식을 말한다. 하지만 우리나라와 같은 동아시아에서는 추운 날씨 때문에 그다지 오래 지속되지는 못했다.

가장 눈길을 끄는 팔작지붕은 왕대공 트러스[13] 구조로 되어 있다. 지붕에는 녹색 아

---

[13] 왕대공 트러스(king post truss) – 산형 트러스의 중앙에 수직재가 있는 트러스를 말한다.

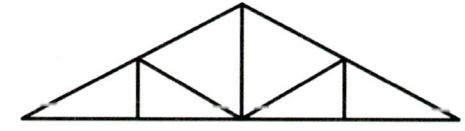

스팔트 슁글(asphalt shingle)을 깔았으며, 베란다 위의 차양은 얇은 동판을 이어 붙여 간결하게 처리하였다. 박공부분에는 현어(懸魚)를 달고 원형 비늘살창을 설치하였는데, 이는 일본건축에서 많이 보이는 양식이다.

정관헌 남서측

정관헌 동측

정관헌의 내부기둥은 철근콘크리트 인조석 씻어내기로 처리하여 자연석재로 보이도록 제작하였다. 주두의 형태는 노르만 또는 영국에서 유행하던 육중한 로마네스크 양식이며, 기둥에는 중심부가 약간 부풀은 배흘림이 있다. 주두(cushion capital)는 정관헌 건너편에 있는 서울주교좌성당의 것과 닮아 있다. 일제 때 정관헌을 개조하면서 기둥의 양식에 대해 상당히 영향을 받은 것으로 보인다.

서울주교좌성당

로마네스크 기둥

우리나라에 철근콘크리트가 도입된 시기는 정관헌의 건립보다 십여 년 뒤의 일이다. 1910년대에는 한국은행(1912) 등에서 부분적으로 사용되다가, 1920년대 이후에야 철근콘크리트가 본격적으로 사용되기 시작하였다. 따라서 정관헌의 내부기둥은 건립 당시의 것이 아니라, 일제 때 제작된 것임을 알 수 있다. 일제는 1933년 덕수궁을 개방하면서 대대적으로 건물들을 철거하거나 수리하였다. 그때 정관헌의 내부기둥을 철근콘크리트로 만들고, 외부에는 목조기둥을 사용한 것으로 보인다. 특히 정관헌은 지붕의 하중에 비해 내부기둥의 직경이 과도하게 커서 균형이 맞지 않는다. 또한 내부와 외부 기둥은 재질과 형태와 비례가 모두 이질적임에도 불구하고 묘한 조화를 보인다.

정관헌 기둥

로마네스크 주두

무엇보다도 정관헌의 특징은 입면장식에서 찾을 수 있다. 베란다의 입면은 세부적으로 기둥과 난간 그리고 낙양으로 나눌 수 있다. 기둥의 주두는 이오닉과 코린트 양식이 복합된 콤포지트 양식을 따르고 있다. 즉, 하부는 1열의 아칸서스 잎을 두르고, 상부는 네 모서리에 소용돌이 모양의 볼류트(volute)로 간명하게 치장하였다. 그리고 주두의 중앙은 대한제국의 황실 문장인 이화문양과 두 개의 버튼(button)으로 장식하였다. 기둥의 주초(base)는 한 개의 토러스(torus, 원형의 큰 쇠시리)로 간결하게 처리하였고, 주신(shaft)에는 8줄의 플루팅(fluting, 홈파기)을 새겼으며 전체적으로 민흘림이 있다.

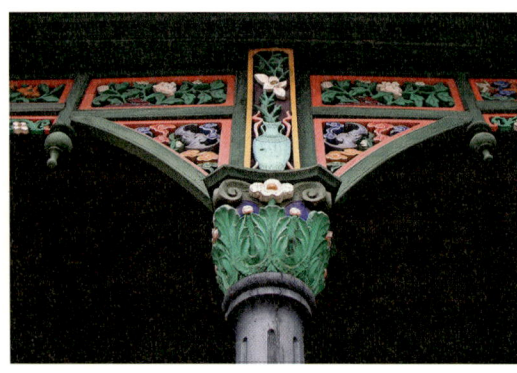
기둥 장식

주초(base)

　난간은 청동으로 만든 주물 장식을 나무틀에 고정시킨 구조를 하고 있으며, 세 개가 한 세트를 이룬다. 각 세트는 기둥 사이에 끼워 넣었는데, 정면에 6세트, 좌우측면에 각각 4세트가 부착되었다. 주물의 중앙에는 장수를 상징하는 소나무와 사슴을 배치하고, 네 모서리는 복을 상징하는 박쥐로 장식하였다. 그리고 외곽 테두리 하단에는 경사를 상징하는 마름모꼴 방승보(方勝寶)를 배치하고, 좌우 여백에는 영원한 생명력을 상징하는 당초문양으로 장식하였다. 즉 하나의 주물 장식 안에 수복강녕(壽福康寧)에 대한 염원을 듬뿍 담아 놓은 것이다.

난간 장식

소나무와 사슴

이와 같이 프레임의 중앙에 길상문양을 배치하고 외부의 네 모서리에 박쥐문양을 장식하는 양식은 창덕궁의 청향각(淸香閣) 굴뚝에도 있다. 청향각 굴뚝의 길상과 박쥐 문양은 한 면에 2개씩 4면에 장식되어 총 8개가 있는데, 박쥐가 장식된 외부 프레임은 8개 모두 동일하지만, 내부 장식은 국화·연꽃·토끼 등으로 각각 다르게 표현하였다. 청향각은 1920년에 대조전과 함께 완성된 것으로 보아 이 당시 이러한 장식이 하나의 양식으로 정착되어 있었음을 알 수 있다. 단 정관헌의 박쥐는 외부를 향해 날고 있는 반면, 청향각 굴뚝의 박쥐는 내부를 향해 나는 모습이다.

청향각

굴뚝 장식

지붕의 하중을 지지하는 기둥과 창방은 실내에서 바깥 풍경을 바라볼 때, 액자의 프레임과 같은 역할을 한다. 기둥과 창방으로 구성되는 사각형 프레임의 단조로움을 피하기 위해 프레임 안쪽에 좁고 기다란 장식부재를 부착하는데, 이를 낙양 또는 낙양각(落陽刻)이라고 한다. 낙양각 표면은 주로 청색과 붉은색이 어우러진 당초문양으로 화려하게 장식한다. 특히 낙양각 테두리는 물결치듯 굴곡진 모양이 초목의 형상을 닮아 파련각(波蓮刻)이라고 부른다.

정관헌의 낙양(落陽)은 전통의 양식과 구조가 좀 다르다. 물결치듯 굴곡진 파련각이 아니라, 띠처럼 가로로 긴 사각형 틀 안에 국화·모란·박쥐 등을 조합하여 구성하였다. 낙양의 양끝 스팬드럴[14]에는 박쥐가 복숭아가 달린 나뭇가지를 물고 구름 속에서 나는 모습을 생동감 있게 표현하였다. 이들 역시 불로장생과 부귀영화를 상징하는 길상의 문양들이다.

경회루 낙양

정관헌 낙양

전통건축에서 주출입구의 높이와 간격은 거주자의 신분과 권위를 상징한다. 일반적으로 중앙에 있는 주출입구는 다른 곳보다 크고 넓게 만들어 어칸(御間)이라 부르고, 나머지는 협칸(峽間)이라고 하여 기둥 간격도 상대적으로 좁다. 적용된 용어와 의미는 다르다 하더라도 중앙에 위치한 현관을 크고 넓게 조성하는 것은 동서양을 막론하고 동일한 개념이다.

---

14) 스팬드럴(spandrel) – 인접한 두 아치 사이의 삼각형 모양의 빈 부분을 지칭한다.

중화전의 어칸과 협칸

덕홍전의 어칸과 협칸

그런데 정관헌은 정면이나 측면 모두 어칸이 오히려 좁게 구성되어 있다. 정면 주출입구 상단을 용문양으로 장식한 것으로 보아 이곳이 어칸임이 분명한데도 기둥간격이 좁은 이유는 무엇일까? 일제가 무너진 왕조의 위상을 상징적으로 낮추어 표현한 것은 아닐까?

어칸과 협칸

어칸 장식

② 역사 이야기

정관헌은 내외부 장식이 화려하고 전망도 좋아 낭만 가득한 카페를 연상시킨다. 그래서 흔히 '김홍륙 독차사건'의 현장으로 정관헌을 지목하기도 한다. 그러나 결론부터 말하면 기능성은 희박해 보인다. 김홍륙 독차사건은 1898년에 발생하였고, 정관헌은 1900년경에 건립되었기 때문이다.

1901년 2월 5일. 고종은 준원전에 있는 태조의 어진을 정관헌에 봉안하고, 열성조의 어진은 중화전에 봉안하였다. 태조의 어진을 모시는 신성한 장소에서 커피를 마시며 휴식을 취한다는 건 상상할 수 없는 일이다. 실제로 정관헌은 어진을 그리거나 봉안하는 것 이외의 기능으로는 사용된 적이 없다. 그 당시의 건물 구조도 어진을 모시기에 적합하도록 폐쇄형 구조를 하고 있어 지금과는 상당히 달랐다.

태조 어진. 출처 : 국립고궁박물관

순종 어진. 출처 : 국립고궁박물관

1902년은 고종의 나이가 51세로 육십을 바라보고, 즉위한지 40주년이 되는 해였다. 국가에서는 이때를 기념하기 위해 기념비를 세우고, 훈장을 만드는 등 여러 가지 행사를 기획하였다. 그 중 하나가 황제 어진과 태자 예진의 제작이었다. 고종은 3월 19일부터 53일 동안 황태자를 데리고 정관헌을 찾아 어진과 예진을 제작하였다. 이 기간 동안 어진 5본,

예진 6본을 제작하였으며, 조선의 마지막 화원(畵員)인 조석진과 안중식이 작업을 주관하였다.

1902년 11월 10일. 고종은 영조가 기로소에 들어가는 해에 어진을 제작한 사례를 들어, 제2차 어진제작을 지시하였다. 2차 어진은 초본과 완성본이 이미 제작되어 있는 상태였으므로 보다 빠르게 진행되어 12월 10일 완성되었다.

1912년 7월 2일. 고종은 정관헌에 봉안되어 있는 태조·고종·순종의 어진을 중화전으로 이전하라고 지시하고, 직접 현장을 방문하여 작업 상황을 살폈다. 이것이 정관헌에 대한 마지막 기록이다.

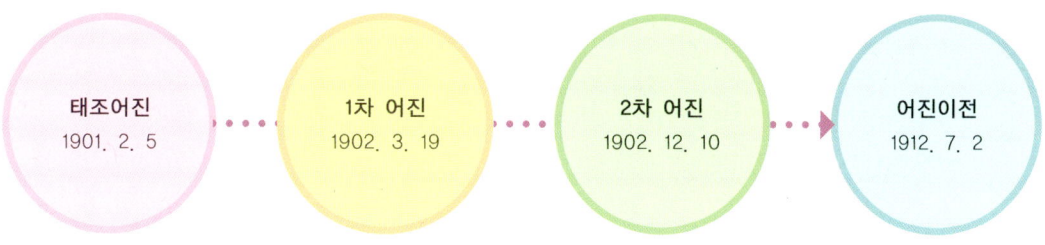

따라서 정관헌은 카페나 휴식의 공간이 아니라 어진을 제작하고 봉안하는 추모의 공간이었음을 알 수 있다. 옛 자료에서도 정관헌의 구조가 현재와 같은 개방형이 아닌, 폐쇄형 구조였음이 확인된다. 어진을 봉안하고 추모하기 위해서는 당연한 것이었다.

그럼 현재와 같은 화려한 외관은 언제 어떻게 가능한 것이었을까? 아마 일제시대를 거치면서 외형적으로나 기능적으로 많은 변형과 왜곡이 있었던 것으로 보인다. 일제는 궁궐 이외에도 환구단·장충단·사직단·선원전·준원전 등 조선왕조를 상징하는 구조물들을 없애거나 왜곡시켜 버렸기 때문이다. 따라서 정관헌을 올바르게 파악하고 이해하기 위해서는 보다 충실한 자료의 발굴과 연구가 병행되어야 할 것이다.

◆◆ 김홍륙(金鴻陸)

1884. 7. 7
김홍륙은 함경도 출신의 천민이었으나 블라디보스톡을 왕래하며 러시아어를 익혔으며, 러시아 공사 베베르가 입국할 때는 통역으로 동행하였다.

1888. 6. 18
러시아 공사의 통역 이후, 1888년에는 총리영 부장으로, 1889년에는 창덕궁 수문장으로 정부의 하위직에 기용되었다.

1896. 2. 11
아관파천 때 고종과 러시아 공사 베베르 사이에서 통역을 담당한 인연으로 고종의 신임을 얻어 곧바로 왕실사무를 관장하는 시종원시종(侍從院侍從)에 임명되었다. 이후 계속해서 학부협판·귀족원경·한성판윤 등 고위직에 중용되었으나 1898년 4월 친러파의 몰락과 함께 관직에서 물러났다.

이후 고종의 총애와 러시아 세력을 배경으로 온갖 전횡을 자행하다, 1898년 8월 러시아와의 통상에서 거액을 착복한 사실이 드러나 곤장을 맞고 전라남도 흑산도로 유배를 가게 되었다. 그러나 떠나기 직전에 원한을 품고 고종이 즐겨 마시는 커피에 독약(아편)을 넣은 정황이 포착되어 반역죄로 교수형에 처해졌다. 하지만 사건의 증거는 발견되지 않았다.

당시 김홍륙의 반대세력이 꾸민 모함이었다는 설도 꾸준히 제기되었지만 받아들여지지 않았으며, 진실여부는 아직까지 미궁이다. 이 사건에 등장하는 커피는 훗날 고종과 순종이 정관헌에서 커피를 마시다 발생한 독차사건으로 와전되어 오늘날까지 전하고 있다. 하지만 그 당시 정관헌은 존재하지도 않았다.

정부에서는 이 사건의 진상을 밝히기 위해 김홍륙과 가족에게 가혹한 고문을 자행하였다. 이는 갑오개혁 때 입안되었던 '고문 및 연좌제 폐지' 조항을 위반한 것이어서 사회적으로 큰 파장을 일으켰다. 곧바로 개최된 만민공동회에서는 국정개혁안(헌의6조)에서 '중대 범인의 재판과 형 집행은 공개재판으로 할 것'을 명시하여, '김홍륙 독차사건'이 다시 한 번 부각되었다.

(9) 석조전

　강화도조약 이후 우리나라에 근대화의 물결이 유입되기 시작하면서 건축양식에도 변화의 조짐이 나타나기 시작했다. 경운궁 주위에서는 영국·프랑스·러시아 등 서구 열강들이 자국의 앞선 문명과 문화를 빼어난 공관건물을 통해 과시하고 있었다. 대한제국 정부도 이러한 흐름을 수용하여 1900년을 전후로 궁궐 안에 양관(洋館, 서양식 건물)을 하나둘 짓기 시작하였다.

이때 경운궁 안에 석조전(石造殿)·중명전(重明殿)·정관헌(靜觀軒)·돈덕전(惇德殿)·구성헌(九成軒)·환벽정(環碧亭) 등이 건축되었으나, 현재는 석조전·중명전·정관헌 세 동만이 남아 있다.

중명전

아케이드

물론 경복궁과 창경궁에도 양관이 있었다. 다른 궁궐의 양관이 일본의 주도 아래 건축된 것이었다면, 경운궁의 양관은 대한제국이 주관했다는 점이 다르다. 조선왕조는 국가에서 주관하는 대형공사인 경우, 통상 공사의 전 과정을 『등록(謄錄)』이나 『의궤(儀軌)』에 자세히 기록하여 후세에 참고가 되도록 하였다. 그런데 양관에 대한 기록만은 전하는 것이 전혀 없다. 그래서 경운궁의 양관에 대한 정보는 건축 당시의 전후 맥락을 따져 추정할 수밖에 없다.

양관은 금세 우리의 생활문화 속으로 스며들었다. 경운궁 대화재 때 양관인 중명전으로 거처를 옮긴 고종은 함녕전이 완공되었음에도 좀처럼 돌아가지 않았다. 양관의 생활에 익숙해진 것도 큰 몫을 했으리라 생각된다. 심지어 순종은 황제 즉위식을 양관인 돈덕전에서 거행하였다. 돈덕전은 정전도 아니었으며 위치상으로도 경운궁 안쪽의 후미진 곳에 있었다. 즉위식은 의상을 바꾸어가며 전통방식과 서양식을 혼용하는 방식으로 거행되어, 이색적인 장면들도 연출되었다고 한다.

돈덕전(惇德殿)

돈덕전 현판. 출처 : 국립고궁박물관

 정상적인 경우라면 황제 즉위식은 천단에 나아가 새로운 황제의 등극을 하늘에 고하는 제천의식으로부터 시작된다. 그 다음 궁으로 돌아와 크고 넓은 정전에서 만조백관(滿朝百官)과 함께 성대하게 즉위식을 거행하는 것이다. 그런데 순종은 제천의식을 생략하고, 정전도 아닌 별관 돈덕전에서 약식으로 황제 의식을 거행하였다. 대한제국이 이미 일제의 통제 아래 있었음을 상징적으로 보여주는 대목이다.

① 한일합방 이전의 석조전

 정동 일대에 들어선 양관 중에서 으뜸은 단연 석조전이다. 그래서 석조전은 경운궁 경내에서 정전인 중화전보다도 더 주목을 받는다. 석조전은 양식상 신고전주의 건축[15]에 콜로니얼 양식[16]을 추가하여 재구성한 석조 건축물이다.

---

15) 신고전주의 건축 (Neo-Classicism Architecture) – 서양건축의 근간을 이루는 그리스·로마 건축양식을 따르는 것을 말한다. 석조전은 그리스풍을 따르고 있는데, 그리스풍 신고전주의란 건물 하단에 기단이 있고, 외벽 주위에 열주(列柱)를 배치하고, 지붕은 페디먼트(pediment, 박공)로 장식하는 것을 말한다.
16) 콜로니얼 건축양식(Colonial Style) – 서구의 건축양식을 따르되 고온다습한 아시아의 현지 기후에 적응할 수 있도록 외벽에 베란다를 추가하여 변형시킨 건축양식을 말한다.

건축양식이란 한 시대의 예술적 조류로서 작품 속에서 공통적으로 발견되는 표현 경향이며, 내면적으로는 그러한 표현을 가능케 한 정신적·사상적 흐름이라고 할 수 있다. 그러므로 건축양식은 단순한 외면적 형식을 통한 고찰이 아닌, 시대정신의 형태화라는 측면에서 고찰되어야 한다. 따라서 대한제국 시기에 도입된 양관들에는 각각 문화적 특성들이 배어 있기 마련이지만, 한국에 적용될 때는 한국적 요소들이 반영되어 또 다른 양식으로 거듭나기도 한다. 석조전 역시 입지와 형태와 재료에서 그러한 변화들이 다수 감지된다.

석조전 상부

석조전 하부

그러한 변화는 석조전 기둥에서도 확인할 수 있다. 서양의 기둥은 주초(base)와 주신(shaft)과 주두(cushion capital)로 구성된다. 석조전의 기둥도 이러한 질서를 그대로 따르고 있어 일견 서양의 기둥과 다를 바 없어 보인다. 그럼에도 불구하고 석조전 기둥에서는 전통건축의 특징이 뚜렷하게 발견된다. 기둥의 단면형태를 보자. 현관에 늘어선 기둥은 영락없이 그리스의 이오니아 양식 그대로이다. 그런데 석조전의 베란다를 따라 늘어선 열주(列柱)의 단면은 원형이 아니라 사각형이다. 서양에서는 좀처럼 사각기둥을 사용하지 않으며 전통한옥에서 발견되는 독특한 특징 중 하나이다.

석조전 원기둥

석조전 사각기둥

동양문화에서 원형은 양(陽)의 정신으로 하늘과 임금을 상징하며, 사각형은 음(陰)의 정신으로 땅과 백성을 상징한다. 그래서 궁궐이나 관청 등 위계가 높은 건물들은 원기둥을 사용하며, 민가나 부속건물은 사각기둥을 사용한다. 경복궁의 경회루는 48개의 기둥으로 구성되어 있는데, 외부기둥은 사각형이고 내부기둥은 원형이다. 경회루는 원기둥과 사각기둥을 모두 사용하여 건물 내부에 음양의 기운이 조화롭게 생성되기를 기원하고 있는 것이다. 이러한 기둥 형태는 왕과 왕비의 침전인 강녕전과 교태전에도 그대로 적용되어 있다.

경회루의 원형기둥과 사각기둥

경회루 원형기둥

석조전은 지상 2층, 지하 1층에 연면적 1,226평에 이르는 웅장한 석조건물로서, 1898년 영국인 총세무사 브라운(John McLeavy Brown)이 발의하고, 설계는 영국인 하딩(J. R. Harding)과 로벨(Lovell)이 담당하였다. 감독은 한국인 심의석·일본인 메가다(目賀田)·러시아인 사바틴·영국인 데이비슨 등 여러 명이 맡았으며, 1900년부터 짓기 시작하여 1910년 6월까지 10년 동안의 공사를 거쳐 완공하였다. 기초공사에는 창의문 부근(세검정)의 화강석이 사용되었다.

석조전 공사가 진행되는 10년 동안 국내외적으로 굵직한 사건과 사고가 많았다. 1902년 벽두에 러일전쟁이 발발하자 일제는 한일의정서를 강요하여 한반도 전역을 군사기지화 하였고, 러일전쟁을 승리로 이끈 후에는 을사조약을 통해 대한제국의 외교권을 강탈해 갔다. 그리고 헤이그 특사사건을 빌미로 고종을 강제로 퇴위시켰다. 이어서 순종이 즉위하자 곧바로 정미조약을 체결하여 입법권과 경찰권을 박탈하였으며, 1909년에는 사법권마저 빼앗았다. 그리고 이듬해 이완용과 윤덕영 등 친일파의 주도로 한일합방이 체결될 당시에는 국가와 임금에게 주권과 권력이 거의 남아있지 않았다.

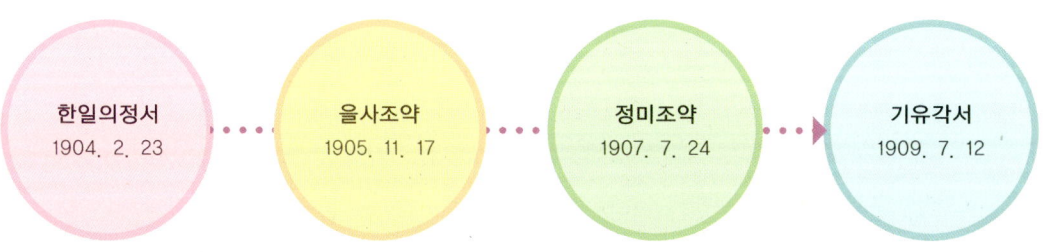

공사 주체가 바뀌고 감독이 바뀌는 등 우여곡절 속에서도 지속된 석조전 공사는 대한제국이 종말을 고하기 직전 완공되었다. 대한제국에는 석조전 사용에 대한 기회조차 없었다. 백성의 피와 땀으로 완공된 석조전은 그대로 일제의 수중으로 들어가고 말았다. 석조전을 통해 전해오는 씁쓸한 기억들이다.

② 한일합방 이후의 석조전

한일합방 이후, 석조전은 대한제국에서 정사를 주관하는 건물로 거듭나지 못하고 일본 황실에서 임명한 이왕가(李王家)에서 운영하는 연회장이 되었다. 석조전이 국가의 상징에서 가문의 상징으로 전락한 것이다. 석조전에서 베풀어졌던 가장 큰 행사는 고종의 생일잔치가 고작이었다. 기껏 생일잔치나 하자고 국고를 탕진하고 굶주리는 백성을 외면하면서까지 석조전에 집착하지는 않았을 터이다.

석조전 홀

석조전 연회장

일본에 거주하던 영친왕은 왕실에 애경사(哀慶事)가 있을 때만 잠시 귀국하여 석조전에 머물렀다. 왕실 길들이기에 나선 일제가 보통 때는 영친왕의 한국행을 허락하지 않았기 때문이다. 실제로 영친왕은 고종·순종·순헌황귀비·귀인양씨 등 장례식 참석차 한국을 방문한 것이 고작이었다. 영친왕이 한국 땅에서 가장 오랫동안 머물렀던 곳이 석조전이다.

영친왕은 11세에 일본으로 건너간 이후, 일제의 방해로 한국을 찾지 못하였다. 그래서 어머니 순헌황귀비가 조선총독에게 직접 항의도 해보았으나 소용이 없었다. 결국 영친왕은 어머니의 사망소식을 접하고서야 귀국할 수 있었다. 하지만 어머니가 장티푸스로 사망하여 감염 우려가 있다며 빈소 접근은 허용되지 않았다. 어린 영친왕은 석조전 발코니에서 어머니의 빈소를 바라보며 눈물을 흘릴 수밖에 없었다.

석조전 영친왕 침실

석조전 영친왕비 침실

1919년에는 부친 고종의 부음(訃音)을 접하고 귀국하였다. 그러나 망국의 왕자가 할 수 있는 역할이라곤 아무것도 없었다. 이번에도 영친왕은 남의 일처럼 장례식만 치르고 돌아갔다. 실은 영친왕과 이방자 여사의 혼인식이 1월 25일이어서 이를 준비하기 위해 1월 17일 이완용과 윤덕영 등 많은 고관들이 일본으로 건너간 상황이었는데, 1월 21일 갑자기 고종이 승하 한 것이다. 당연히 결혼식은 연기되었다가 이듬해 4월 28일 일본에서 거행되었다.

1922년 4월 26일. 혼인한 이듬해 양지를 얻은 영친왕 부부는 순종에게 인사차 귀국하였다. 이들은 크고 화려한 석조전에 머물며 꿈같은 나날을 보냈지만, 출국을 앞두고 아들 이진이 사망하는 변고를 당했다. 8개월 된 건강한 아이가 갑자기 사망한 것이다. 왕실의 대를 끊으려는 일제의 소행이라는 추측이 무성했지만 증거는 발견되지 않았다.

영친왕 부부와 이진. 출처 : 국립고궁박물관

이진 장례식. 출처 : 국립고궁박물관

1926년 3월 3일. 영친왕 부부는 순종의 병세가 위급하다는 소식을 듣고 덕혜옹주와 함께 순종을 문안하였으나, 병세가 호전되어 3월 11일 일본으로 돌아갔다. 그러나 4월 8일. 병세가 다시 악화되었다는 연락을 받고 급거 귀국하였으나, 결국 4월 25일 순종은 53세를 일기로 승하하였다.

다음날 영친왕은 순종의 뒤를 이어 곧바로 왕위를 계승하였다. 그러나 나라의 대표가 아니라 일개 가문을 대표하는 것이어서 별도의 즉위식은 거행하지 않았고, 일본 다이쇼 천황의 칙령에 따라 왕위만을 계승하였다. 이에 따라 영친왕의 공식 칭호는 '창덕궁 이왕 은전하(昌德宮 李王垠殿下)'가 되었다.

이때는 마침 10년간의 공사 끝에 조선총독부 건물이 완공된 해였다. 그래서 일제는 한일합방을 기념하기 위해 제정한 '시정기념일(10월 1일)'에 맞추어 총독부청사에서 성대하게 낙성식을 거행하였다. 바야흐로 본격적인 일제시대가 도래한 것이다.

모친사망 1911. 7. 20 → **고종사망** 1919. 1. 21 → **아들사망** 1922. 5. 11 → **순종사망** 1926. 4. 26

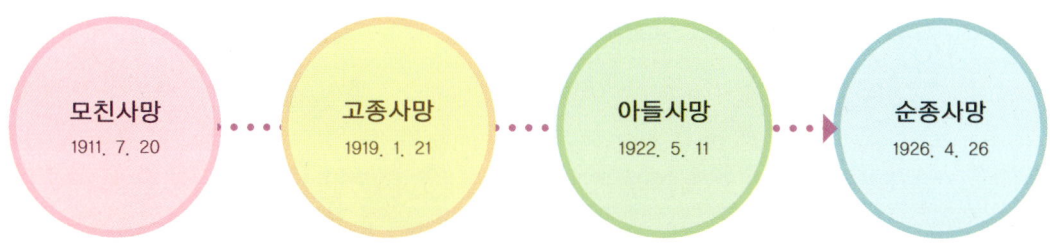

우리에게 많이 알려진 아래의 사진은 1918년 고종이 노환으로 위중했을 때, 일본의 영친왕과 덕혜옹주가 위문차 귀국하여 석조전에서 촬영한 것이다. 안타깝게도 이 만남이 마지막이 되었다. 이듬해 고종이 갑작스럽게 승하하였기 때문이다.

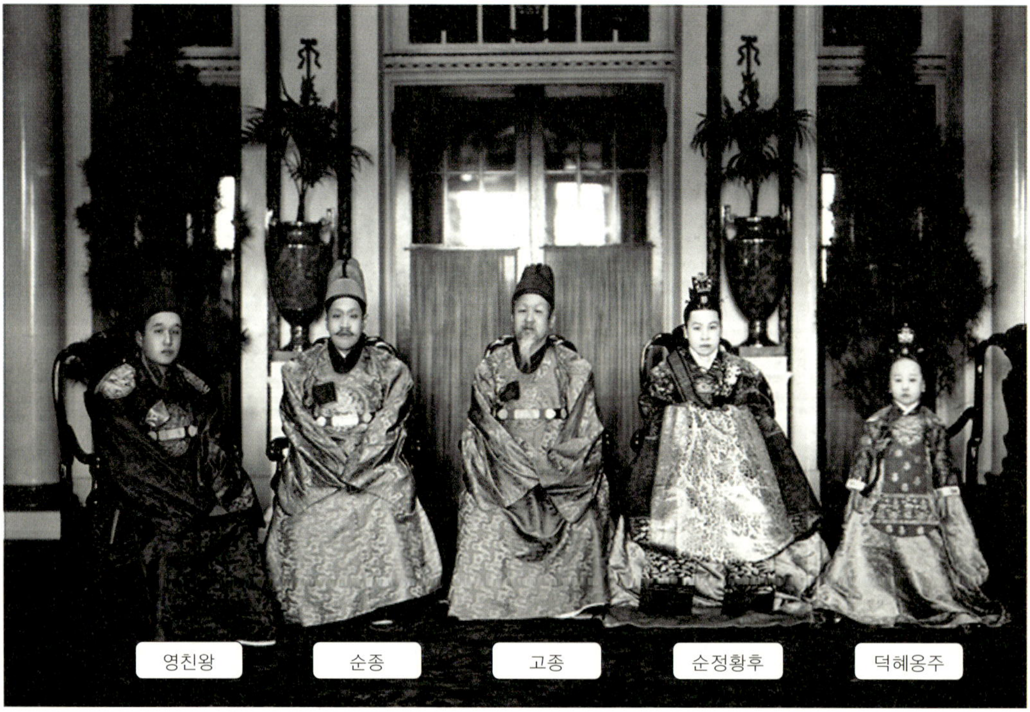

고종의 가족. 출처 : 국립고궁박물관

사진 속에 등장하는 순종과 영친왕과 덕혜옹주는 모두 고종의 자식들이지만 어머니가 다르다. 순종은 고종의 정비인 명성황후의 아들이고, 영친왕과 덕혜옹주는 후궁인 순헌황귀비와 귀인양씨의 자식들로서 서로 이복형제지간이 된다.

순종 승하 이후에는 창덕궁뿐만 아니라 모든 궁궐의 훼손이 더욱 가속화 되었다. 석조전은 일본 고관들의 여관으로 쓰이다가, 경성에 호텔이 늘어나자 극장으로도 사용되었다. 1933년 10월 1일. 덕수궁을 시민공원으로 개방하는데 맞추어, 석조전도 미술관으로 개관하였다. 공원부지도 많은 곳이 처분되어 경운궁 원래 부지의 1/3로 축소되었다.

이렇게 덕수궁미술관으로 사용되던 석조전은 해방이 되자 다시 정치활동의 중심지로 변모하였다. 석조전이 한동안 우리민족의 운명을 가르는 국제회의 장소로 활용되었기 때문이다.

◆◆ 순헌황귀비(純獻皇貴妃)

순헌황귀비는 서소문의 평민 집안에서 태어나, 6세 때 경복궁 나인으로 입궁하였다. 임오군란 때는 명성황후가 실종되자 고종을 지극정성으로 보살펴 그 공으로 지밀상궁이 되었다. 이어서 명성황후의 시위상궁이 되어 왕비를 보살폈으나 고종의 승은을 입은 것이 발각되어 궁궐에서 쫓겨났다. 그런데 궁궐에서 쫓겨난 지 10년 후 을미사변이 발생하여 명성황후가 피살되자, 5일 만에 다시 궁궐로 돌아와 고종을 보살피고 아관파천을 성공시키는데 큰 공을 세웠다. 이것이 인연이 되어 곧바로 임신한 뒤, 고종이 황제로 즉위한 지 8일 만에 왕자를 낳고 다음날 상궁(정5품)에서 귀인(종1품)으로 신분이 수직상승하였다.

1900년에는 아들 이은이 순종의 후계자가 되어 영친왕에 책봉되었는데, 이때 엄귀인의 직급도 정1품 순빈(淳嬪)으로 승격되었다. 이듬해에는 엄순빈을 왕비로 삼아야 한다는 의견이 있었으나, 반대의견도 만만치 않아 순비(淳妃)로 한 단계 더 승급하는데 만족해야 했다. 그리고 2년 후에는 황귀비(皇貴妃)가 되어, 왕비는 되지 못했지만 후궁 중에서 가장 높은 자리에 올랐다.

이후에는 고종의 신임을 기반으로 양정고등학교의 전신인 양정의숙의 설립을 시작으로, 진명여학교(진명여고)와 숙명여학교(숙명여대) 등 학원사업에 주력하였다. 그리고 한일합방 이듬해 경운궁 즉조당에서 58세를 일기로 세상을 떠났다. 이때 순종이 순헌(純獻)이란 시호를 내려주어, 최종적으로 순헌황귀비(純獻皇貴妃)가 되었다.

③ 해방 이후의 석조전

1945년 8월 15일 우리 민족은 36년간의 일제 시민통치에서 해방되었다. 그러니 우리 민족에 의한 새로운 국가 수립은 곧바로 이루어지지 않았다. 미국과 소련 등 서구열강의 이해관계 때문이었다. 9월 8일. 인천항을 통해 들어온 미군은 스스로 점령군이 되어 조선총독부에서 일장기를 내리고 태극기 대신 성조기를 게양하였다. 북한으로 들어온 소련군 역시 크게 다르지 않았다.

이렇게 새로운 강대국이 한반도를 노리고 있는 초미의 상황에서 국론은 민족주의와 사회주의 계열로 양분되어 혼란스럽기 그지없었다. 결국 두 진영은 미국과 소련의 정치적 개입을 부채질하였고, 이는 고스란히 양국에 의한 분할통치의 빌미가 되었다.

1945년 12월 27일. 미국·영국·소련의 외무장관은 모스크바에서 한반도의 정부수립에 대한 대안으로 신탁통치안을 채택하였다. 이 안은 한반도의 자유진영과 공산진영 사이에 극렬한 찬반논란을 불러일으켰다. 미소 양국 대표들은 덕수궁 석조전에서 2년에 걸쳐 심도있는 회담을 가졌지만, 서로의 의견 차이를 좁히지 못해 결렬되고 말았다.

석조전. 출처 : 국립고궁박물관

미국은 이 문제를 즉시 유엔에 상정하였고, 소련을 비롯한 공산진영의 불참 속에 선거가 가능한 지역에서만이라도 선거를 실시하는 것으로 결론이 났다. 그러나 북한이 이 안을 거부함에 따라 남한만 단독으로 선거를 실시하기로 하였다. 이에 따라 유엔은 남측 진영만이라도 공정한 선거를 치르기 위해 한국임시위원단을 파견하였다. 이 위원단은 덕수궁 석조전에 모여 선거가 성공적으로 치러질 수 있도록 관리·감독하였다.

결국 1948년 5월 10일 남한만의 단독선거가 실시되었고, 그 결과에 따라 8월 15일 대한민국 단독정부가 수립되었다. 9월 9일에는 북한에서도 조선민주주의인민공화국을 선포하였다. 이리하여 우리 민족은 광복의 기쁨을 채 맛보기도 전에 남과 북으로 나뉘는 비극적인 상황을 맞이하게 되었다. 석조전은 대한제국이 해체되고 대한민국이 성립되는 과정을 생생하게 목도(目睹)한 산 증인이라 할 수 있다.

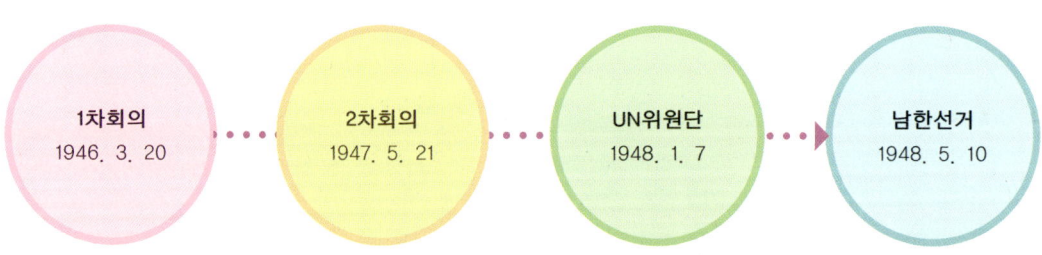

(10) 미술관

　　1933년. 일제는 석조전을 미술관으로 개조한 뒤, 일본의 근대미술품을 전시하였다. 이후 한국 미술품에 대한 전시 요청이 증가하자 이왕직에서는 창경궁 이왕가박물관에 소장되어 있는 조선의 고미술품을 옮겨와 전시하기로 결정하였다. 이에 따라 1936년 일본인 건축가 나카무라 요시헤이(中村與資平)의 설계로 신관공사를 시작하여, 1938년 6월 완공하였다. 석조전 신관은 서관(西館) 또는 별관(別館)이라고도 하였으며, 본관과는 행랑으로 연결하여 상호 일체감을 갖도록 하였다.

석조전 행랑

행랑 상세

석조전 신관에는 창경궁 이왕가박물관 소장품 중에서 신라·고려·조선의 미술품 11,000여 점을 이전하여 전시하였다. 그리고 석조전 본관과 신관을 합쳐 이왕가미술관(李王家美術館)이라고 명명하였다.

1940년. 조선총독부는 '경성시가지 공원계획'에 따라 경성에 140개소의 공원을 지정하였다. 이때 경복궁·창경궁·덕수궁뿐만 아니라 사직단·장충단·효창원 등과 같이 조선왕조를 상징하는 시설들을 대부분 공원영역에 편입시켰다. 이렇게 한국의 역사와 정신은 우리의 기억 속에서 서서히 해체되어 갔다.

1945년. 이왕가미술관은 해방과 더불어 덕수궁미술관으로 개칭되었다. 1969년. 국립박물관에 편입되면서 덕수궁미술관에 소장되어 있던 조선의 고미술품과 일본의 근대미술품들이 국립중앙박물관으로 옮겨갔다.

그리고 1998년부터는 국립현대미술관의 덕수궁관으로 거듭나 현재에 이르고 있다.

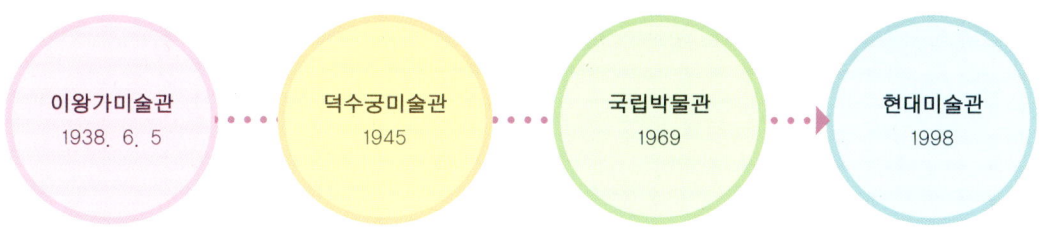

건축양식은 본관과 마찬가지로 신고전주의 양식을 따르고 있지만, 다소의 차이점도 있다. 특히 석조전 본관과 신관은 건축 시행의 주체와 목적이 완전히 다르다. 본관은 대한제국에서 궁궐의 정전을 염두에 두고 건축한 반면, 신관은 일제가 미술관으로 사용하기 위해 만든 것이기 때문이다. 그래서 신관 2층에는 창문을 설치하지 않았다. 미술관은 작품의 보호를 위해 외부의 직사광선 유입을 최대한 차단해야하기 때문이다.

별관 외벽

1층과 2층

두 건물은 외관의 일체감을 더하기 위해 전면 중앙을 돌출시켜 현관을 만들고, 원형의 열주를 배치하였으며, 계단을 통해 건물에 진입할 수 있도록 하였다. 하지만 몇 가지 큰 차이점도 눈에 뜨인다. 지붕은 페디먼트(pediment, 박공)를 생략하였고, 주두(cushion capital)는 코린트 양식으로 장식하였으며, 주신(shaft)에는 플루팅(fluting, 홈파기)을 하지 않았다. 그리고 본관의 민흘림기둥이 곧고 간명함을 강조하였다면, 신관의 배흘림기둥은 풍만한 안정감이 돋보인다.

석조전 본관

석조전 신관

특히 석조전·중명전·정관헌 등 당시의 양관들은 모두 건물 외벽에 베란다와 열주를 두르고 있는데, 석조전 신관만은 이러한 콜로니얼 양식을 따르지 않고 있다. 다른 양관들과 구별되는 석조전 신관만의 특징이라고 할 수 있겠다. 또한 석조전 본관의 주재료가 석재인데 비해, 신관은 철근콘크리트인 것도 크게 다른 점이다.

(11) 문(門)

전통건축은 건물 주위에 담장을 둘러 영역을 나누고, 각 영역은 문을 통해 드나든다. 궁궐은 전각의 수만큼이나 담장과 문 역시 많았다. 경운궁도 예외는 아니어서 영역과 영역을 구분하는 수많은 문들이 전각들 사이에 있었다. 하지만, 현재 고종 당시의 원형을 유지하고 있는 문은 7개 정도에 불과하다. 그 중에는 대한문과 같이 자기 자리가 아닌 것도 있고, 광명문과 같이 문의 기능을 아예 상실한 것도 있다. 정전인 중화전에도 정문인 중화문이 있다. 그러나 중화문은 담장에 해당하는 행각들이 모두 철거되어 문만 홀로 서 있다. 담장이 없으니 제대로 된 문이라고 할 수 없다.

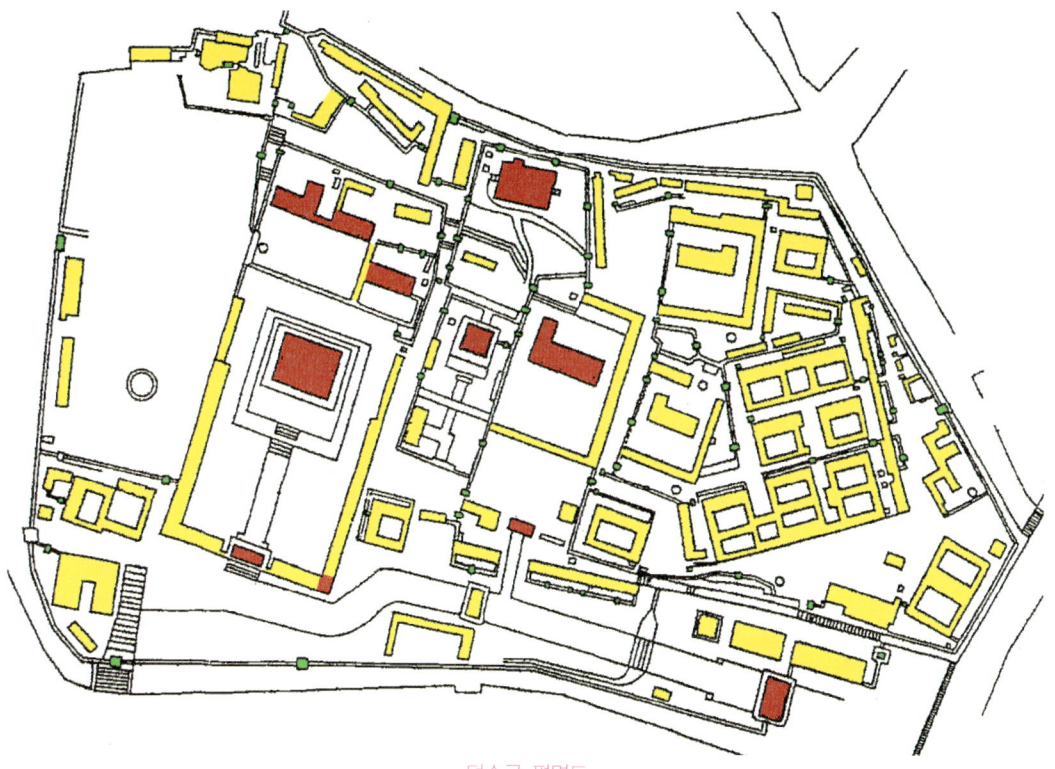

덕수궁 평면도

위의 덕수궁 평면도에서 노란색은 경운궁에 존재했던 전각들이고, 빨간색은 현재 남아 있는 전각들이며, 녹색은 문을 나타낸다. 이와 같이 경운궁에는 수십 개의 문이 있었지만 현재 남아있는 것은 10개가 되지 않는다.

전통한옥은 안채·사랑채·문간채 등 여러 채들이 모여서 하나의 집을 구성한다. 집은 담장을 통해 외부와 분리된 영역을 만들지만, 채는 집 안에서 낮은 담장을 통해 또 다른 영역을 규정짓는다. 외부에서 집 안으로 들어가려면 대문(大門)을 통과해야 하듯이 채와 채 사이를 이동할 때도 문을 통과해야 한다. 이때 각 채들을 연결시켜 주는 문을 일각문(一角門)이라고 한다. 대문은 규모가 커서 자동차라도 드나들 수 있지만, 일각문은 사람 한두 명 정도가 드나들 수 있는 소규모의 문이다.

창덕궁 연경당 대문

창덕궁 연경당 일각문

함녕전과 석어당 사이에는 두 영역을 동서로 구분하는 꽃담이 남북으로 기다랗게 놓여있다. 이 담에는 동서의 두 영역을 드나들 수 있도록 창신문·유현문·용덕문·석류문이 일렬로 설치되어 있는데, 규모는 작지만 옛 모습이 살아있어 정겹게 느껴진다. 이 문들은 경운궁 내부에서 필요한 영역을 드나들 수 있도록 만든 문이므로 모두 일각문에 해당한다. 담 하나에 문이 4개나 달려있어 의아하게 생각할 수 있지만, 문이 설치될 당시에는 각각 지정된 영역만을 출입할 수 있도록 고안된 것이었다. 지금은 그러한 영역이 모두 사라지고 문만 남아있어 마치 담장에 구멍을 뚫어 놓은 것처럼 보인다. 원래의 기능을 하지 못하고 있으니 반쪽짜리 문에 불과한 것이다.

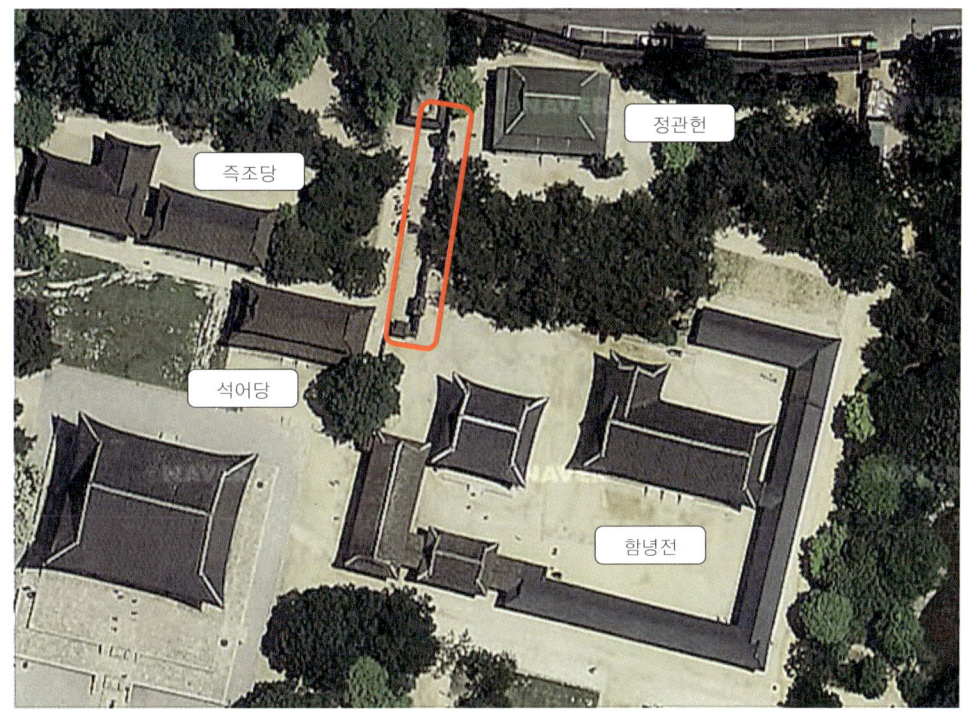

창신문·유현문·용덕문·석류문

① 창신문(彰信門)

창신(彰信)은 '믿음을 널리 드러낸다'는 의미이다. 창신문은 정관헌의 서쪽 담장에 있으며, 경운궁 후원과 석어당 등으로 통하는 문이다. 경복궁 함화당의 창무문(彰武門)과 도성의 창의문(彰義門)이 창신문의 언어구조와 유사하게 사용된 예이다. 여기서 창무(彰武)는 '무용

(武勇)을 널리 드러낸다'는 의미이고, 창의(彰義)는 '의로움을 널리 드러낸다'는 의미이다.

경복궁 함화당

함화당 창무문

창신문은 이곳에 있는 네 개의 문 중에서 규모가 가장 작은 일각문이다. 지붕도 네 모서리를 제외한 중앙부는 수막새와 암막새를 사용하지 않았으며, 수막새 끝은 도톰하게 양성바름으로 마감하였다. 처마는 가는 각재 서까래를 사용한 홑처마로 처리하여 아담하고 소박한 느낌이 돋보인다. 문의 높이도 낮아서 현판 글씨가 손에 잡힐 듯 가까이 있으며, 서까래 마구리의 매화점도 눈에 선명하게 들어온다.

창신문

彰信門

전통한옥의 백미는 카오스 속의 코스모스, 즉 무질서 속의 질서에서 찾을 수 있다. 창신문을 들어서면 양관인 정관헌이 나온다. 이 둘은 한옥과 양옥 양식으로 달라서 태생적으로 이질적이다. 하지만 단순하고 간결한 미니멀리즘(minimalism)의 미학적 요소를 추구하고 있다는 점에서 둘은 다른 듯 닮은 구조체로서 절묘한 조화를 이룬다. 더욱이 정관헌의 아케이드(arcade)가 후대에 추가되었다는 것을 감안하면 더욱 완성도 있는 하나의 공간을 창출하고 있는 것이다. 덕수궁 답사에서 잠시 휴식이 필요하다면 이곳 창신문과 정관헌을 마주보며 감상해 보시길 추천하고 싶다.

② 유현문(惟賢門)

유현(惟賢)은 '어진사람이 출입하는 문'이란 의미이다. 여기서 어진사람이란 '지적·심성적 소양이 높은 사람'을 말한다. 현판에 어진사람을 의미하는 '현(賢)'자를 사용한 사례는 경복궁과 창덕궁에도 있다. 경복궁에는 '어진사람을 구한다'는 구현문(求賢門)이 있으며, 창덕궁에는 '어진사람을 맞이한다'는 영현문(迎賢門)이 있다. 모두 다음 보위를 이어갈 세자가 거주하는 동궁에 걸려 있는 현판들인데, 둘 다 표현만 다를 뿐 동일한 의미이다. 이처럼 조금만 관심을 기울이면 현판을 통해서 전각의 성격과 의지를 읽어낼 수도 있다.

창덕궁 영현문

경복궁 구현문

유현문의 상부는 검정색 전돌을 사용하여 아치 형태로 만들었는데, 구조와 형태가 황궁우의 동문(東門)과 유사하다. 단 황궁우 동문은 전면과 배면을 모두 봉황으로 장식하였는데, 유현문은 전면은 봉황, 배면은 용으로 장식하여 변화를 주었다. 지붕을 구성하고 있는 기와도 암막새는 용으로, 수막새는 봉황으로 장식하여, 유현문의 차별화된 위상을 나타내고 있다. 지붕 아래에는 붉은색 전돌 사이로 검정색 전돌을 규칙적으로 돌출시켜 서까래를 표현하였으며, 그 아래 역시 붉은색 전돌로 소로(小櫨, 접시받침)을 나타내었다. 이와 같은 디자인은 문뿐만 아니라 담장이나 굴뚝 등 벽돌을 사용한 구조체에서 공통적으로 발견되는 표현양식들이다.

유현문

惟賢門

유현문에서 용문양은 왕의 신성한 권위를 상징하며, 봉황은 입에 불로초를 물고 있는 것으로 보아 임금의 불로장생을 기원한 것이다. 그리고 아치문을 따라 장식된 붉은색 두 줄 사이의 회문양(回紋樣)은 용과 봉황에 깃든 염원들이 영원무궁하기를 기원하고 있다.

전면의 봉황문양

배면의 용문양

③ 용덕문(龍德門)

용덕(龍德)은 '성인이나 제왕의 덕'을 의미한다. 현판의 내용만으로도 이 문이 임금이 주로 사용했던 문임을 알 수 있다. 용덕문은 덕홍전 후원과 석어당 사이의 통로역할을 하는 일각문이다. 고종은 이 문을 통해 함녕전에서 석어당과 즉조당 영역을 빠르게 왕래했었던 것으로 보인다. 문의 양식은 옆에 있는 석류문과 유사하지만 규모는 약간 작다. 용덕문은 소규모의 일각문에 불과하지만 처마의 중후한 느낌을 살리기 위해 부연(附椽)을 덧대어 겹처마로 장식하였다.

현판은 문의 바깥쪽에 부착되어 방문자에게 전각의 성격이나 추구하는 바를 암시하기도 한다. 이곳 담장에 설치된 일각문들은 모두 석어당이 있는 조그만 골목을 향해 현판이 부착되어 있다. 따라서 이 일대에서는 석어당 쪽이 외부이고, 정관헌과 덕홍전 쪽이 내부가 되는 것이다. 이러한 전각 배치는 이왕직에서 1938년도에 제작한 「덕수궁평면도」에서도 확인할 수 있다.

용덕문

龍德門

④ 석류문(錫類門)

석류(錫類)는 '선을 내려 준다.'는 의미이다. 석류(錫類)에서 석(錫)에는 '하사하다'는 의미가 있다. 석(錫)을 이와 유사한 의미로 사용한 예로는 창덕궁 낙선재에 있는 석복헌(錫福軒)이 있다. 여기서 석복(錫福)은 '복을 내려 준다.'는 의미이다. 즉 석복헌은 자식이 없던 헌종이 후궁이었던 경빈김씨에게 아들이 생기기를 기원하면서 지어준 이름이다.

석류문

錫類門

석류문은 용덕문과 형태는 유사하지만, 규모는 약간 크다. 지붕아래에는 서까래를 이중으로 설치하여 겹처마의 부연(附椽) 효과를 나타내어 문의 품위를 살렸다.

석복헌에는 재미있는 일화가 하나 더 전한다. 헌종은 석복헌(錫福軒)의 이름을 지을 때, 창경궁에 있는 집복헌(集福軒)을 참고했다고 한다. 집복헌은 정조의 아버지 사도세자와 아들 순조가 탄생하여 유명해진 건물이다. 집복헌에서 집복(集福)은 '복을 모은다'는 의미이다. 정조는 이곳에 집복헌이란 이름을 짓고 순조를 얻었는데, 헌종도 이에 착안하여 후궁 경빈김씨의 거처를 석복헌으로 지었다고 전한다. 하지만 안타깝게도 헌종은 석복헌이 완공된 이듬해 23세의 젊은 나이로 승하하였다. 경빈김씨는 17세의 꽃다운 나이에 궁에 들어와 2년 만에 남편을 잃고, 57년간을 홀몸으로 지내다 76세에 세상을 떠났다.

석복헌

錫福軒

⑤ 평성문(平成門)

평성문은 경운궁의 서쪽에 있는 문으로 2차선 도로를 사이에 두고 미국대사관저와 마주하고 있다. 평성(平成)은 '모든 일이 순조롭고 조화를 이룬다.'는 의미이다. 평성문은 경운궁 중창 때 제작된 것으로 「덕수궁평면도」에도 등장한다. 현재 평성문에는 현판이 붙어있지 않아 아무런 정보 없이 찾아가면 그냥 지나치기 십상이다.

평성문   평성문

　　평성문의 지붕은 간명한 형태의 맞배지붕이다. 처마는 홑처마 양식이며, 서까래 끝 마구리[17])에는 연꽃문양이 선명하다. 일반적으로 대문의 서까래는 원형이고 마구리는 연꽃문양으로 장식하는 반면, 일각문의 서까래는 사각형이고 마구리는 매화점[18])으로 장식한다.

평성문의 연화문양   석류문의 매화점

---

17) 마구리 – 서까래·연필·베개와 같이 한쪽으로 길쭉한 물체의 끝부분에 형성된 면을 말한다.
18) 매화점 – 중심에 백색의 원이 있고, 그 둘레를 5~6개의 원이 에워싼 문양을 말한다. 생김새가 매화꽃을 닮았다 하여 붙여진 이름이다. 불가(佛家)에서는 무량보주(無量寶珠)라고도 부른다.

경운궁은 궁궐의 규모에 비해 동서남북 외부로 통하는 대문[19]이 많이 있었으나, 지금은 대한문과 평성문 만이 옛 모습을 간직하고 있다. 남쪽에는 인화문, 동쪽에는 대한문·평장문·포덕문, 서쪽에는 회극문·평성문·용강문, 북쪽에는 생양문이 있었다.

(12) 중명전

① 고종시기

수옥헌(漱玉軒)은 고종의 아관파천 이후, 왕실도서관으로 건립되었다. 수옥헌의 수옥(漱玉)은 '샘물이 암석에 부딪혀 옥의 소리를 낸다.'는 뜻이다. 왕실도서관은 1901년 겨울 화재로 소실되자 현재의 모습으로 중창되었는데, 이때 수옥헌이란 이름이 처음 등장한다. 수옥헌은 왕실도서관이었으므로 경복궁의 집옥재와 마찬가지로 일반에 널리 알려진 건물은 아니다. 그러나 1904년 경운궁의 대화재 때 고종이 이곳으로 거처를 옮겨오면서 세상의 주목을 받기 시작하였다.

이때는 일본이 러일전쟁에서 승기를 잡고 대한제국을 거세게 압박하던 시기였다. 을사조약과 정미조약이 이곳에서 체결되었으며, 헤이그 특사사건을 빌미로 아들 순종에게 보위를 넘겨주었던 곳도 이곳 중명전이다.

---

19) 대문 - 집 내외를 출입하는 문, 일각문 - 채와 채 사이를 출입하는 문.
여기서 대문의 의미는 집의 정문을 의미하는 것과는 다르다. 정문이 대문으로 사용될 때는 나머지 문들은 협문이 된다. 하지만 이러한 적용이 명확하지 않을 때도 있다.

중명전　　　　　　　　　　　　　　중명전

　　이토 히로부미는 길 건너편 손탁호텔에 숙소를 정해놓고, 밤낮으로 왕과 대신을 회유하고 협박하여 자신이 원하는 바를 하나씩 강탈해 갔다. 을사조약을 통해서 외교권을 강탈하더니, 결국에는 고종의 왕권마저 박탈해 버렸다. 그리고 뒤를 이어 순종이 즉위하자 경제권과 군사권마저 빼앗아 갔다. 실권을 빼앗긴 고종은 이곳에서 대한제국의 종말을 참담한 심정으로 지켜볼 수밖에 없었다.

을사조약 체결 장면　　　　　　　　　을사조약 체결 장면

　　1906년 12월 31일. 이곳에서 순종의 두 번째 부인 순정황후를 간택하였다. 이때 중명전이란 명칭이 실록에 처음 등장한다.

중명전의 중명(重明)에는 '광명이 계속 이어져 그치지 않는다'는 지속의 의미와 '해와 달'이라는 자연 섭리의 의미가 있다. 『주역』이(離)괘의 단사에 의하면 "이(離)는 붙어 있다는 뜻이다. 해와 달이 하늘에 붙어 있고, 곡식과 초목이 땅에 붙어 있으니, 거듭 밝음으로, 바름에 붙어서, 천하를 교화하여 이룬다."고 한다.[20]

중명전(重眀殿)의 현판을 보고 있으면 특징 아닌 특징이 하나 발견된다. 가운데 글자가 明이 아닌 眀이기 때문이다. 부수가 '날 일(日)'이 아닌 '눈 목(目)'으로 되어 있다. 혹자는 '眀'자가 밝음을 더 강조한 것이라고도 한다. 옥편을 찾아보면 두 문자 모두 음과 뜻이 동일하지만, 아무래도 우리에겐 '明'자가 익숙하다. 실제로 의궤나 실록 등 일반적으로 사용하는 경우에는 '明'을 사용한다. '眀'자는 현판이나 작품에서 문자를 조형적으로 좀 더 균형 있고 아름답게 보이고자 할 때 사용하기도 한다. 이러한 사례는 즉조당 옆에 있는 준명당(浚眀堂)에서도 확인할 수 있다.

殿眀重   堂眀浚

중명전 현판   준명당 현판

---

20) 이광호, 『궁궐의 현판과 주련 3』, 수류산방, 2012, p.72.
    경운궁 각 전각 현판의 해석에는 이광호 교수님의 『궁궐의 현판과 주련 3』이 많은 도움이 되었다. 필자가 현판을 해석하는데 가장 많이 참고했던 책이었음을 미리 밝혀둔다.

하지만 현판이라고 해서 모두 '明'을 사용하지는 않는다. 함녕전의 정문인 광명문(光明門)문은 '明'으로 표기하였으며, 경복궁의 관명문(觀明門)과 창경궁의 통명전(通明殿) 역시 '明'을 사용하였다.

門明観　　　　　殿明通

경복궁 관명문　　　　　창경궁 통명전

② 순종시기

1907년 7월 19일. 순종이 고종의 뒤를 이어 황제에 올랐다.

1907년 7월 24일. 일본은 순종의 즉위를 기다렸다는 듯이 즉위식이 끝나기가 무섭게 정미조약을 통해 입법권·경찰권·관리임명권을 강탈하고, 7월 31일에는 군대마저 해산시켜 국가의 기능을 거의 마비시켜 버렸다. 특히 군대해산은 이전에 있었던 을미의병이나 을사의병과 달리 의병활동이 본격화되는 기폭제가 되었다. 양반·상민·천민 등 신분을 가리지 않고 전 국민이 동참하는 계기가 되었으며, 이는 나중에 항일전을 전개하는 독립군으로 계승·발전되었다.

1907년 9월 17일. 순종은 거처를 중명전 뒤에 있는 환벽정에서 즉조당으로 옮겼다. 그리고 11월 13일 창덕궁 수리가 완료되자 곧바로 창덕궁으로 떠났다. 이때 부인과 황태자 등 가족 대부분이 창덕궁으로 이전하였으나, 고종만은 일본의 방해로 함께하지 못하고 계속해서 중명전에 머물렀다. 순종에 대한 고종의 정치적 간섭을 꺼려했기 때문이다. 5년 후, 좀처럼 중명전을 떠날 것 같지 않던 고종이 갑자기 함녕전으로 돌아갔다. 환갑의 나이에 막내딸 덕혜옹주가 태어났기 때문이다.

중명전 현관   중명전 발코니

　1915년. 고종과 순종이 모두 떠나자, 텅 빈 중명전은 한국에 주재하는 외교관들의 사교장으로 거듭났다. 대한제국 시기엔 고종과 명성황후의 후원 아래 서울주재 서양 외교관과 선교사 및 조정의 고위 관리들이 친목을 표방하며 설립한 정동클럽이 있었다. 정동클럽은 일본의 조선지배 기도에 반대하는 반일본계 인사들이 친목을 도모하고 정보를 교환하는 사교모임이었다. 하지만 한일합방 이후에는 사교모임 자체가 일제에 의해 기획되고 운영될 수밖에 없었다.

　1925년 3월 12일. 정동구락부로 사용되던 중명전이 화재로 외벽과 복도만 남기고 내부가 전소되었다. 건물은 곧 복구되어 외국인 클럽으로 사용되었으나, 이듬해 순종이 사망하면서 그 기능마저 사라지고 말았다.

정미조약 1907. 7. 24 … 함녕전이어 1912. 10. 29 … 정동구락부 1915 … 중명전화재 1925. 3. 12

해방 후에는 서울클럽·아메리칸클럽으로 개조하여 주한 외교관과 선교사들이 주로 이용하였다. 1963년에는 박정희 대통령이 이방자여사에게 양도하여 잠시 사용하였으나, 곧 일반에 매각되었다가, 1983년 서울시가 매입하여 최근에 예전의 모습으로 복원하였다.

(13) 황궁우

천자(天子)는 천제(天帝)의 아들, 즉 하늘의 뜻을 받아 하늘을 대신하여 천하를 다스리는 사람이라는 뜻으로, 군주 국가의 최고 통치자를 이르는 말이다. 중국의 황제는 하늘을 상징하는 원형제단에서 제천의식을 거행하고 자신의 존재를 만방에 과시하였다.

대한제국은 천단을 환구단(圜丘壇)이라 명명하고, 황궁우(皇穹宇)에는 세상을 주관하는 각종 신들의 위패를 봉안하였다. 제천의식을 거행할 때는 황궁우와 좌우의 부속건물에 봉안된 위패들을 환구단에 배설(排設) 해 놓고 제사를 드렸다. 일제는 1915년 조선철도호텔을 건립하면서, 황궁우를 제외한 환구단과 부속건물들을 모두 철거하였다. 현재 황궁우에는 황천상제(皇天上帝)·황지기(皇地祇)·태조고황제(太祖高皇帝)의 위패가 봉안되어 있다.

◆ 위패 보관 장소

황궁우	본전	皇天上帝, 皇地祇, 太祖高皇帝
동 무	동쪽 건물	大明, 北斗七星, 五星, 二十八宿, 五嶽, 四海, 名山, 城隍
서 무	서쪽 건물	夜明, 雲師, 雨師, 風伯, 雷師, 五鎭, 四瀆, 大川, 司土

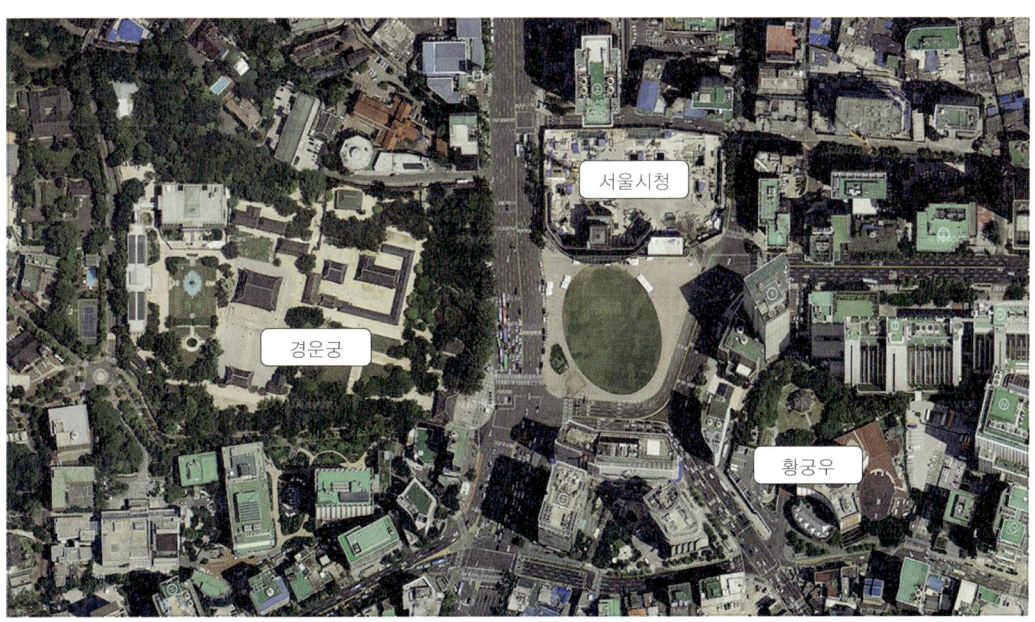

천단 영역에는 환구단과 황궁우 외에도 어재실·향대청·석고각 등이 있었다. 어재실(御齋室)은 능(陵)이나 묘(廟) 등 제례공간에서 임금이 잠시 머무는 집을 말하며, 향대청(香大廳)은 제례의식에 필요한 향이나 축문 등을 보관하는 장소이다. 그리고 석고각(石鼓閣)은 고종의 즉위 40주년을 기념하여 제작한 석고(石鼓, 돌로 만든 북)를 보관하는 전각이다.

천단 영역은 조선초기부터 풍수적 길지로 줄곧 주목을 받았다. 이곳은 남산에서 발원한 산줄기가 나지막한 능선을 이루고 내려오다 시청앞 평지에서 구릉지를 형성하고 멈춘 곳에 위치한다. 지금은 고층빌딩으로 에워싸여 실감하기 어렵지만, 이곳은 주위경관이 한눈에 들어오는 구릉지이다.

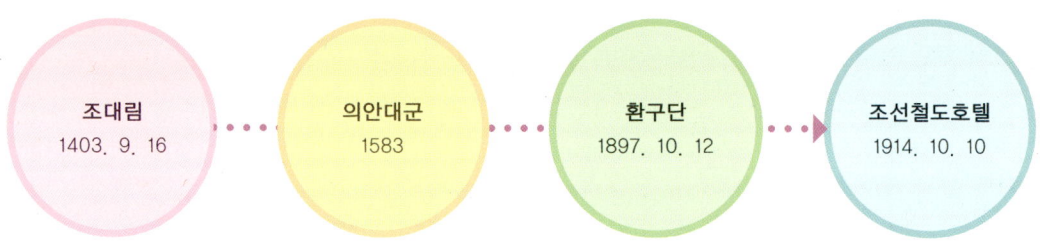

① 조대림 주택

1403년(태종 3) 태종은 명나라 황제가 경정공주와의 혼인을 요청하자 개국공신 조준의 아들 조대림과 혼인을 서둘렀다.21) 사랑하는 딸을 중국에 보내고 싶지 않았기 때문이다. 당시 조대림은 모친상 중이어서 날짜를 좀 미루자고 제안하였지만, 태종의 강력한 의지로 혼인을 강행하였다. 그리고 한양에서 가장 경관이 좋고 아름다운 환구단 자리에 대저택을 마련하여 이들 부부를 축복해 주었다. 경정공주는 이곳에서 1남 4녀의 자녀를 낳았다. 경정공주는 둘째 딸이어서 그녀가 살던 이곳이 '작은공주골' 또는 '소공주동'으로 불리다가 지금의 소공동(小公洞) 명칭의 유래가 되었다.

---
21) 『태종실록』 1403년(태종 3) 9월 16일.

경정공주묘

장명등

1455년(단종 3) 경정공주가 사망하자 넷째 사위 김중렴이 상속재산을 과도하게 착복하여 장남 조무영에 의해 왕실에 고발당하는 사건이 발생하였다. 이에 예종은 환구단 부지와 건물은 국가로 환수하고, 노비와 동산 등 나머지 재산만 형제들이 나누라고 지시하였다.[22]

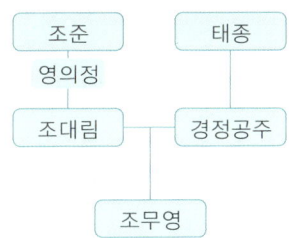

② 의안군 주택

선조는 2명의 왕비와 9명의 후궁이 있었지만, 단연 인빈김씨를 총애하였다. 그래서 인빈김씨와의 사이에서 가장 많은 4남 9녀의 자식을 얻었다. 의안군을 각별하게 생각한 선조는 의안군이 7세 되던 해 황궁우 자리에 대저택을 지어 주었다. 그런데 불행하게도 의안군은 12세의 어린 나이에 요절하고 말았다. 의안군 저택은 4년 후, 임진왜란이 발발했

---

22) 『예종실록』 1468년(예종 즉위년) 12월 10일.

을 때도 훼손되지 않고 그대로 남아 있었다.

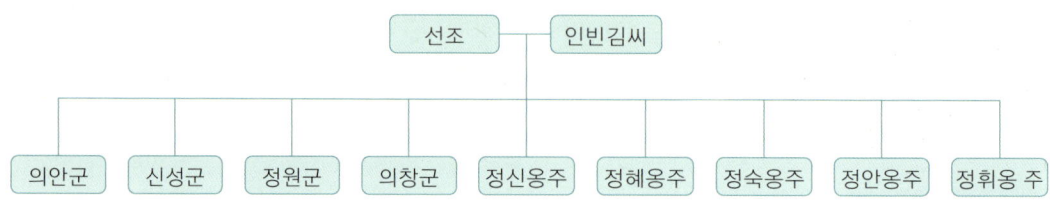

인빈김씨 순강원

순강원 봉분

왕실가족을 중심으로 대물림되어 오던 환구단 영역은 임진왜란을 계기로, 전혀 다른 용도로 전환되었다. 1592년 4월 13일 일본군이 부산포에 상륙하고, 신립장군이 중원의 탄금대 전투에서 패배하자, 4월 30일 선조는 북쪽 의주를 향해 피난을 떠났다. 다음날 선조는 개성에 도착했으며, 일본군은 거칠 것 없이 한양에 무혈입성 하였다. 한양에 입성한 적장 평수가(平秀家)는 종묘에 머물렀는데, 밤중에 괴이한 일이 발생하고 휘하이 병사가 갑자기 죽어나가자 불길한 마음에 종묘를 불사르고 진지를 옮겼다. 이렇게 옮겨 간 곳이 그때까지 훼손되지 않고 남아있던 의안군 저택이었다.[23]

---

23) 『선조수정실록』 1592년(선조 25) 5월 1일.

1593년. 명나라 장수 이여송의 지원군이 한양을 수복했을 때, 이여송은 일본 장수가 머물렀던 의안군 저택을 지휘본부로 사용하였다.[24] 조선 정부는 명나라 사신이 머물던 태평관(太平館)을 명나라 장수의 거처로 사용하려 했으나, 태평관마저 전쟁으로 훼손이 심해 의안군 저택을 그대로 사용할 수밖에 없었다.[25] 그 뒤 의안군 저택을 중국 사신을 맞이하는 영빈소로 개조하고, 남별궁(南別宮)이라는 새로운 이름으로 불렀다. 병자호란 이후 조선과 사대관계를 맺은 청나라 사신들도 한양에 도착하면 기존의 태평관보다 남별궁에 머물기를 선호하였다. 그들도 남별궁 터의 빼어난 자연환경에 매료되었던 것이다.

③ 환구단

황궁우. 출처 : 국립고궁박물관

환구단. 출처 : 국립고궁박물관

---

24) 『선조수정실록』 1593년(선조 25) 4월 1일.
25) 『선조실록』 1594년(선조 25) 6월 29일.

1882년 임오군란 때 군대를 인솔해 온 청나라 장수 오장경(吳長慶)과 1883년 11월 주조선(駐朝鮮) 상무위원(常務委員, 공사 격)으로 부임한 진수당(陳壽棠)도 남별궁에 거주하였다. 소공동 일대에 차이나타운이 조성된 것은 그 무렵이었다. 당시 오늘날 명동의 중국 대사관 자리에 청나라 공사관이 완공되었지만 진수당은 전임자들처럼 남별궁에 머물렀다. 그만큼 남별궁은 청나라에서도 오랫동안 애착을 버리지 못하는 곳이었다. 청나라는 1884년 7월 지금의 롯데호텔 자리에 청상회관(淸商會館)을 짓고 나서야 남별궁을 되돌려 주었다. 청나라가 남별궁 자리로 공사관을 옮기고 싶어 미국 선교사 알렌과 상의했던 일기의 내용을 보면, 청나라가 얼마나 남별궁 터에 애착을 가지고 있었는지 알 수 있다.[26] 지금은 사방으로 마천루가 병풍처럼 에워싸고 있어 그러한 느낌을 실감할 수 없는 것이 아쉽다.

황궁우 조감

황궁우 내부[27]

1897년 10월 12일 새벽.

고종은 차가운 날씨에 비까지 내리는 악천후에도 환구단에 나아가 제천의식을 거행하였다. 우리도 당당히 독립된 천자의 나라가 되었음을 온 천하에 선포한 것이다. 이후 이

---

26) 「알렌의 일기」 1885년(고종 22) 12월 20일.
　　중국인들은 자기네 공사관을 구궁(舊宮, 남별궁)으로 옮기기를 기대하며, 내게 지금의 (공사관) 자리를 병원과 학교로 쓸 것을 제의했다.(The Chinese expect to move their Legation to the old Palace and offered me their present place for a hospital and school.)

27) 문화재청, 「환구단 정밀실측조사보고서」, 마하테크, 2012, p.4, p.14.

일대는 남별궁 대신 환구단이란 이름으로 바뀌었다.

황궁우 삼문

황궁우 답도

 일제시대를 거치면서 환구단과 광선문(光宣門) 그리고 위패를 보관하던 부속건물들이 모두 헐려 나갔다. 석고를 보호하던 석고각(石鼓閣)은 이토 히로부미 사당의 종각으로 사용되었으나 흔적도 없이 사라져 버렸고, 황궁우만이 홀로 남아 고층빌딩 사이에 조각품처럼 외롭게 서 있다. 환구단 정문은 1969년 5월 옛 그린파크 호텔(강북구 우이동 소재)의 정문으로 이건되었다가 2009년 12월 현재의 위치로 옮겨와 옛 모습의 일부를 보여주고 있다.

환구단 정문

환구단 정문

> ◆◆ 환구단과 원구단
>
> 1897년 10월 12일. 고종은 남별궁 터에 원형의 단을 조성하고 황제 즉위를 알리는 제천의식을 거행하였는데, 단(壇)의 모양이 둥글다는 의미에서 이를 원구단(圓丘壇)으로 불렀다. 그런데 제천의식이 있던 당일 「독립신문」은 천단을 환구단이라고 표기하면서 환구단과 원구단이 혼용되어 왔다. 한자표기는 『고종실록』에 '圜丘壇'으로 표기되어 있다.
>
> 2005년 문화재청은 이러한 혼선을 없애기 위해 한글은 '환구단', 한자는 '圜丘壇'으로 정한다고 발표하였다.

④ 조선철도호텔

한일합방 이후, 일제는 천단·궁궐·사직단 등 조선을 상징하는 건축물을 하나 둘 제거해 나가기 시작했다. 1915년에는 병합의 정당성을 합리화하고 자신들에 의한 조선의 진보와 발전을 한국 국민과 세계만방에 홍보할 목적으로 조선물산공진회(朝鮮物産共進會)를 경복궁에서 성대하게 개최하였다. 이때 방문하게 될 내외국의 숙박문제를 해결하기 위해 조선총독부 철도국 주관 하에 환구단을 없애고 조선철도호텔을 초현대식으로 건설하였다. 그런데 하필 대한제국의 상징인 환구단을 헐고 지었으니, 한국 국민에게는 더없는 굴욕과 아픔을 안겨준 것이었다.

조선철도호텔

웨스틴조선호텔

1911년 2월 20일.
환구단 영역이 조선총독부로 이관되었다.

1913년 3월 15일.
1915년의 조선물산공진회 행사 이전에 완공할 것을 목표로 조선철도호텔 공사를 시작하여, 1914년 10월 10일 낙성식을 갖고 호텔운영을 시작하였다. 1927년에는 환구단의 정문인 광선문을 조선총독부 도서관의 정문으로 사용하다가 남산에 있는 동본원사(東本願寺)로 이전하였다.

1935년.
환구단의 석고각을 이토 히로부미 사당인 박문사로 이전하여 종각으로 사용하였으며, 이듬해에는 조선총독부 도서관 뒤에 두었던 석고(石鼓)를 현 위치로 옮겼다.

1963년 8월 1일.
국제관광공사의 발족으로 반도호텔과 조선호텔이 교통부로부터 이관되어 통합 운영됨으로써 반도·조선호텔로 개칭되었다.

1967년 9월 16일.
기존의 호텔건물을 헐고, 그 자리에 새롭게 아메리칸 에어라인과의 합작투자로 지상 20층 규모의 현재 웨스틴조선호텔을 건축하였다. 이 건물은 총 1,100만 달러로 한국과 미국이 반반씩 투자하였으며, 1969년 준공하였다.

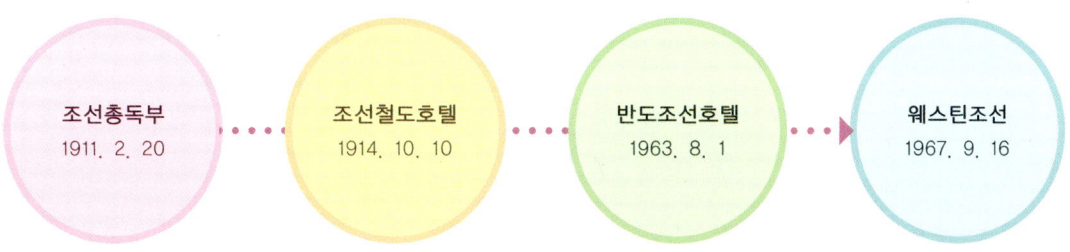

(14) 연못

연못

조경

대한문에서 북쪽으로 50m 지점에는 아담하게 잘 정리된 연못이 하나 있다. 연못 안에는 동그란 섬까지 갖추고 있어, 일견 천원지방(天圓地方)의 원리가 도입된 연못처럼 보인다. 하지만 이 연못은 경운궁과 아무런 관련이 없다. 오히려 경운궁의 입장에서 보면 악랄한 궁궐 파괴행위에 해당할 뿐이다.

경운궁의 동쪽 영역은 태평로 확장공사와 맞물려 두 차례에 걸쳐 축소되었다. 처음에는 1912년 일제에 의해 잘렸으며, 두 번째는 1968년 해방 이후에 잘려나갔다. 왕실사무를 담당했던 궁내부, 군사업무를 총괄하던 원수부를 비롯하여 공사청·비서원·태의원·내반원·시강원 등 궁궐의 일상 업무를 처리하던 궐내각사 대부분이 이때 철거되었다.

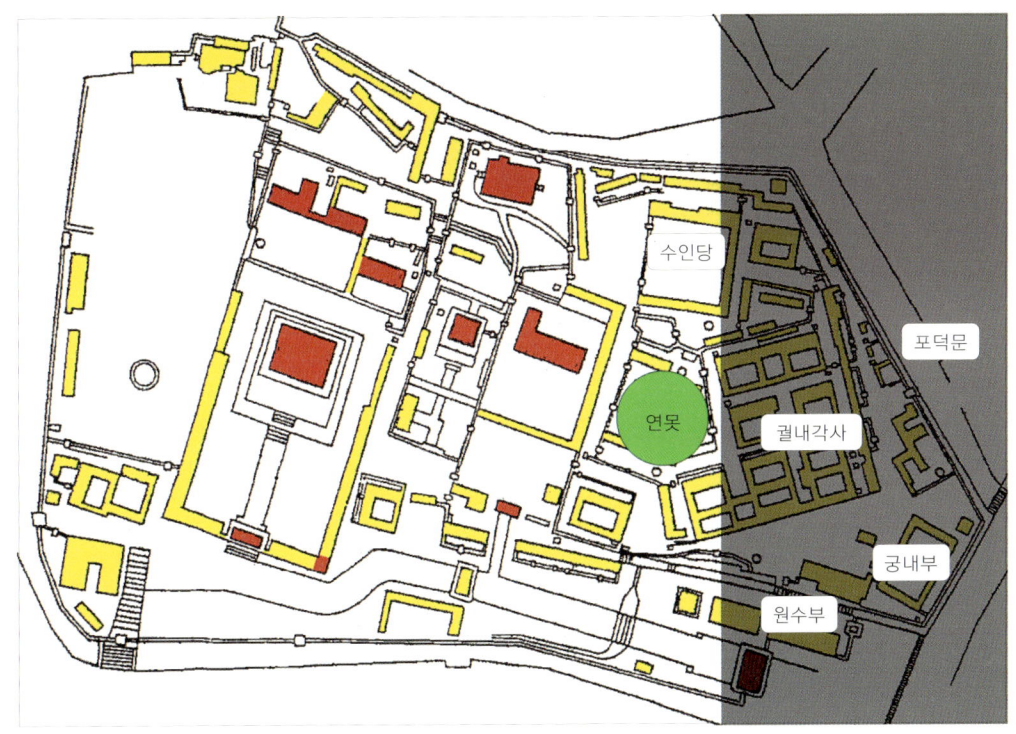

경운궁의 잘려나간(검정색) 부분과 연못의 위치

　함녕전 동편에는 고종의 후궁이자 영친왕의 생모인 순헌황귀비가 살던 영복당(永福堂)이 있었다. 1911년 순헌황귀비가 장티푸스로 사망했을 때는 이곳이 혼궁(魂宮)으로 사용되기도 하였다. 영복당은 1904년 경운궁 대화재 때 소실된 뒤, 1905년 7월 재건되었다. 1933년 일제는 덕수궁을 공원화하면서 영복당을 철거하고 그 자리에 연못을 만들었다.

　영복당 북쪽에는 명헌태후가 거처하던 수인당(壽仁堂)이 있었다. 고종 당시 이곳은 궁궐 중에서도 잡인들의 출입이 엄격히 제한되는 중요한 영역이었지만, 지금은 담장을 허물고 후문을 만들어 옛날의 정취를 느낄 수 없다.

 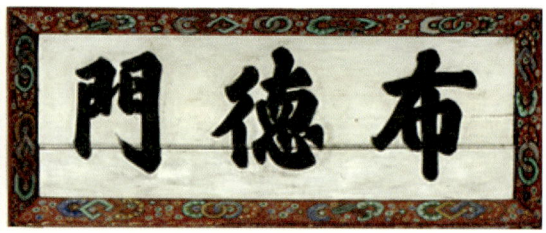

영복당 현판. 출처 : 국립고궁박물관   포덕문. 출처 : 국립고궁박물관

고종은 종묘나 능행차 등 외부로 출궁할 때는 주로 경운궁 동쪽에 있는 포덕문(布德門)을 이용하였다. 그러나 지금은 흔적도 없고, 현판만 남아 국립고궁박물관에 보관되어 있다.

찾아보기

【ㄱ】

가쓰라 타로 43
가쓰라태프트밀약 43
가쓰라테프트 42
강녕전 110
강서현행궁 29
강화성당 95
경소전 119
경운궁 14, 28
경운당 81
경정공주 166
경종 24
경찰권 44
경효전 69, 120
경희궁 35
계림군 22
계성군 22
고문 130
곡병 106
공혜왕후 25
관명문 162
관명전 84
광명문 117, 162
광선문 171
광통교 19

교룡기 71
구본신참 39, 40
구중심처 112
구현문 153
국립박물관 146
국립중앙박물관 146
국립현대미술관 146
국태평만년 109
군대해산 44
궁궐공간 27
궁내부 174
궐내각사 174
귀인양씨 141
그린파크 호텔 171
금천교 50, 62
기념비전 72
기로소 83
기신제 80
길상만덕 109
김성근 92, 105
김홍륙 130
김홍륙 독차사건 127
김효원 25

【ㄴ】

낙산 10
낙성식 139
낙양 123, 125
낙양각 125
남별궁 169
남산 10
남정철 54
내림마루 61
내진연 84
능창대군 34

【ㄷ】

다이쇼 천황 139
단독정부 144
단종 34
담장 46
답도 107, 108
당초문양 125
대문 159
대안문 50, 55
대정동 16
대한국국제 69
대한문 53
대한문상량문 53

대한제국 68
덕경당 83
덕수 44
덕수궁 14
덕수궁미술관 146
덕혜옹주 103, 115
덕홍전 119
독립협회 52
돈덕전 76, 132
돈례문 50
동도서기 40
드므 108

【ㄹ】
러시아공사관 12, 19
러시아대사관 20
러일전쟁 43
로마네스크 양식 122

【ㅁ】
마구리 158
만경전 71
만국평화회의 42
만민공동회 130
망곡례 80, 95
망육십 98
망육십세 84
맞배지붕 60, 158
매화점 158
메이지유신 40
명성황후 장례식 68

명종 23, 24
명헌태후 67
모임지붕 61
묘호 77
문간채 150
문경전 52
미국공사관 19
미남궁체 92
미니멀리즘 153
미불 92
민갑완 86
민병석 54
민영돈 86

【ㅂ】
박기양 105
박승유 78
박제순 78
반도 93
반민족행위처벌법 58
반민특위 58
방승보 124
배산임수 10, 20
배정자 55
배지홍 56
배흘림 122
베란다 123
베베르 130
변법자강운동 40
보빙대사 85
볼류트 123

부연 155
북악산 10
불로초 154
블라디보스톡 130

【ㅅ】
사도세자 77
사랑방 115
사랑채 150
사미인곡 24
사바틴 121
사법권 44
사신사 20
삼국간섭 37
상량문 105
생활공간 20
서왕모 93
서울주교좌성당 122
서울클럽 164
석고 98, 166
석고각 166, 171
석류문 156
석복헌 156
석어당 91
석조전 131
선원전 39
성공회 95
성종 22
세종 24
소네 아라스케 114
소로 154

소정동 16
속미인곡 24
손탁호텔 160
송별연 114
수복강녕 124
수옥헌 159
수인당 175
숙명여대 142
순명황후 102
순비 142
순빈 142
순정황후 102
순헌황귀비 137, 142
스케이트장 117
스팬드럴 126
시어소 27, 29
시정기념일 139
시종원시종 130
시호 77
식민통치 142
신고전주의 건축 133
신고전주의 양식 147
신기전 119
신덕왕후 16
신립 29
신탁통치 143
심연원 24
심의겸 24
심충겸 24

【ㅇ】
아관파천 39, 142
아메리칸클럽 164
아스팔트 슁글 122
아치문 154
아칸서스 잎 123
아케이드 153
안남미 100
안중식 129
안채 150
알렌 170
양관 131
양무운동 40
양정의숙 142
양천도정 22
어재실 166
어진 72
어칸 126
어탑 106
여흥부대부인 95
연못 174
연산군 34
연좌제 130
영경묘 69
영국공사관 19
영변행궁 29
영복당 175
영유현행궁 29
영일동맹 42, 43
영제교 64
영창대군 33

영친왕 137
영현문 153
예종 25
예진 72
오장경 170
옥천교 64
온건개화파 40
완평군 83
왕대공 트러스 121
왕릉공간 18
왕실도서관 159
외진연 84
요시다 쇼인 40
요시히토 87
요지 93
요지연도 93
용덕문 155
용마루 60
우진각지붕 60
원구단 172
원수부 174
원형 비늘살창 122
월산대군 22
웨스틴조선호텔 173
위정척사파 40
윌리엄 태프트 43
유치원 79, 88
유현문 153
윤임 24
을미의병 162
을사의병 162

을사조약 102
의경세자 22
의안군 167
의인왕후 22
이방자 87
이순신 27
이승응 83
이여송 169
이오닉 123
이왕가미술관 45, 146
이왕가박물관 145
이조정랑 25
이토 히로부미 56, 86, 100, 114
이화문양 123
이화문장 74
이홍민 54
인경궁 35
인목대비 35, 91
인목왕후 34
인빈김씨 167
인성대 25
인왕산 10, 20
인조반정 35
인조석 씻어내기 122
인종 24
인화문 50, 51
일각문 150
일월오봉병 106
임오군란 170

【ㅈ】
자격루 119
자금성 97
자을산군 22
장순왕후 25
장지연 54
장티푸스 137
재정고문 100
전별연 114
전염병 100
전주이씨대동종약원 74
정관헌 121
정동구락부 163
정동클럽 163
정릉 16, 18
정릉동행궁 27
정명공주 91
정미조약 44
정병하 56
정원군 34
정종 18
정철 23
정해진찬도병풍 71
제천의식 164
조경단 69
조대림 166
조동희 105
조병갑 105
주석진 129
조선물산공진회 172
조선철도호텔 165, 172

조영희 105
조원문 50
주두 147
주산 20
주신 147
주초 123
준경묘 69
준명당 78, 86
중명전 38, 112
중종 24
중체서용 40
중화문 105
중화전 69, 96
즉조당 65, 66, 75
지붕면 60
진명여고 142
진수당 170
진하연 67
집복헌 157

【ㅊ】
창무문 151
창신문 151
창의문 151
천단 172
천연두 100
천원지방 174
철근콘크리트 123, 148
청계천 19
청목재 80
청상회관 170

초대통감　86
최익현　57
추녀　60
추녀마루　60
추밀원　114
취현방　16
친압　80
친왕　90
친왕비　90
칭경기념비　98

【ㅋ】
코린트 양식　123
콜레라　100
콜로니얼 양식　121, 133
콤포지트 양식　123

【ㅌ】
탄금대　29
탄금대 전투　168
태극　68
태극기　71
태극전　68
태조　18
태종　18
태평관　19, 169
태평로　58, 174
토러스　123

통명전　162

【ㅍ】
파련각　125
파림군　22
팔우정　62
팔작지붕　61
페디먼트　147
평성문　157
평수가　168
포덕문　176
포츠머스조약　42, 43
풍경궁　99
풍수　10, 19, 20, 62
플루팅　123, 147

【ㅎ】
한국임시위원단　144
한명회　25
한상경　25
한성부　16
한양　10
한양도성　10
한양부　16
한일의정서　113
한일협약　102
한혜　25
한효순　26
함녕전　110

함흥판윤　25
합각부　60
행궁　20, 27
행재소　27, 29
향대청　166
향원정　62
헌의6조　130
현어　122
협칸　126
혼궁　175
혼전　120
홑처마　158
화혼양재　40
환구단　165, 169, 172
환벽정　76, 162
황궁우　164
황귀비　142
황화방　16
회문양　154
회작연　71, 84
효덕　116
효명세자　77
효장세자　77
흑산도　130
흥복헌　88
흥천사　18
흥천사종　119
희성수만세　109

퇴궐하기

이상으로 대한제국과 운명을 함께 했던 경운궁의 이모저모에 대해 간략하게 정리해 보았다. 경운궁은 국난의 시기를 맞이하여 급조되었다 사라지기를 두 번이나 반복한 비운의 궁궐이다.

이제 그러한 상처마저도 냉정하게 진단하고 차분하게 성찰할 수 있는 시기가 도래하였다. 경제가 발전하고 국민 의식이 성숙해지면서 우리 역사와 문화에 대한 관심이 높아지고 있기 때문이다. 그래서 최근 궁궐을 비롯하여 서원·왕릉·성곽·민가 등 그동안 관심 밖이었던 역사의 현장을 많은 사람들이 찾고 있다. 매우 고무적이고 바람직한 현상이다.

역사의 진정한 가치는 과거의 궤적을 통해 우리의 정체성을 인식하고, 그 속에서 현재를 진단하여 미래를 추동해 나갈 수 있는 주체성과 가치관을 갖게 하는 데 있다. 하지만 역사에 대한 당위와 가치가 아무리 지고하더라도 어렵고 딱딱하여 접근성이 떨어진다면 대중으로부터 외면당하기 마련이다.

따라서 이 책은 독자들과 쉽고 편하게 호흡할 수 있도록 기획하였다. 책의 분량을 줄이고 다양한 사진과 도표를 첨부하였으며, 역사적 사실들을 스토리텔링으로 재구성하여 현재의 경운궁을 맥락과 상황을 통해 이해할 수 있도록 하였다. 그리고 실록이나 학술자료 등 신뢰 가능한 자료만을 참고하였으며, 야사(野史)나 전설 등은 언급하지 않았다.

경운궁은 짧은 역사와 아픈 기억, 그리고 심각한 훼손 등으로 지금까지 주목의 대상이 되지 못하였다. 그래서 경운궁에 대한 연구나 관심이 다른 궁궐에 비해 상대적으로 빈약한 편이다. 그럼에도 불구하고 소중한 결과물들이 꾸준히 발표되고 있다. 다행스럽고 고마운 일이다.

경운궁에 대한 접근이 쉽지 않은 이유는 일제의 무분별한 파괴와 왜곡된 복원이 큰 역할을 하였다. 현재 남아 있는 건물을 대상으로 궁궐의 역사와 건축적 특성을 파악하는 것은 문제가 있다. 따라서 오류를 범하지 않기 위해서는 왜곡되기 이전의 자료를 발굴하고 정리하는 과정이 반드시 필요하다. 그리하여 경운궁의 위상을 바로 세우고 대한제국, 나아가 근대화의 실체가 더욱 선명하게 드러날 것이다.

경운궁은 비록 국난의 시기에 임시적 성격으로 태어난 비운의 궁궐이었지만, 그 속에 담긴 역사적·시대적 흔적들은 우리에게 많은 교훈을 남겨주고 있다. 이러한 교훈을 바탕으로 진정한 미래가치에 대해 고민하고 성찰하는 기회가 될 수 있기를 기대해 본다.

◼ 저자 황인혁

건국대학교 문학박사
건국대학교 문화콘텐츠학과 겸임교수
저서 : 『경복궁의 상징과 문양』(2018), 『조선 왕릉 산도』(2017), 『CAD와 건축』(2010)
논문 : 화상처리법을 이용한 경도측정에 관한 연구, 서울시립대학교 석사학위논문, 1993
　　　조선시대 『선원보감』의 분석과 활용에 관한 연구, 건국대학교 박사학위논문, 2015
　　　조선왕실 산도 중 「장릉도」와 「사릉도」에 관한 연구, 2014
　　　『璿源寶鑑』의 기본구성과 제작배경, 2013
　　　『璿源寶鑑』에 수록된 산도의 표현기법에 관한 연구, 2014
　　　준경묘·영경묘 산도에 대한 비교 연구, 2017

덕수궁의 인문학산책

▶
| 초판인쇄 | 2018년 8월 27일
| 초판발행 | 2018년 8월 31일
| 저　　자 | 황인혁
| 발 행 인 | 권호순
| 발 행 처 | 시간의물레

▶
| 등　　록 | 2004년 6월 5일
| 등록번호 | 제1-3148호
| 주　　소 | 서울시 마포구 마포대로 4다길 3, 1층
| 전　　화 | 02-3273-3867
| 팩　　스 | 02-3273-3868
| 전자우편 | timeofr@naver.com
| 블 로 그 | http://blog.naver.com/mulretime
| 홈페이지 | http://www.mulretime.com

▶
ISBN : 978-89-6511-240-2 (세트번호)
ISBN : 978-89-6511-241-9 (04910)
정 가 18,000원

* 이 책에 실린 사진 및 글 내용의 저작권은 저자에게 있습니다.
* 잘못된 책은 바꿔드립니다.